INHALT

Auftakt: Entd...
Sonnengrill an...
Weinfelder una... ...oussillon
ist in weiten Te...

.... **5**

Geschichtstabelle **11**

Languedoc-Roussillon-Stichworte:
Von Canal du Midi über Katharer bis Wein **13**
Okzitanisch ist das Erbe, katalanisch die Identität

Essen & Trinken: Mediterrane Küche **19**
Lernen Sie Spezialitäten wie Anchoïade, Brandade de morue und
Crème catalane kennen und lieben

Einkaufen & Souvenirs: Jede Region hat ihr Kunsthandwerk **23**
Vielfältig ist das Angebot – vom provenzalischen Norden bis zum
katalanischen Süden

Languedoc-Roussillon-Kalender:
Büßerprozession und Stierkampf **25**
Im Volk verwurzelt sind viele Festbräuche, ob religiöser oder
weltlicher Art

Cevennen: Wo der Wind der Freiheit weht **29**
Gorges du Tarn, Corniche des Cévennes, Mont Aigoual – die
Cevennen trumpfen mit großartiger Natur auf

Languedoc: Altes Kulturland **43**
Weinberge und 2000 Jahre Zivilisation zwischen Nîmes,
Montpellier, Narbonne und Carcassonne

Roussillon: Im Land der Katharer **65**
Burgen, Meer und alte Abteien von den Weinhügeln der Corbières
bis zu den Pyrenäen

Routen durchs Languedoc-Roussillon **88**

Praktische Hinweise: Von Auskunft bis Zoll **92**
Hier finden Sie kurzgefaßt die wichtigsten Adressen und
Informationen für Ihre Reise ins Languedoc-Roussillon

Warnung: Bloß nicht! **98**

Sprachführer Französisch: Sprechen und Verstehen ganz einfach **99**

Reiseatlas Languedoc-Roussillon **107**

Register **119**

Was bekomme ich für mein Geld? **120**

AUFTAKT

Entdecken Sie das Languedoc-Roussillon!

Sonnengrill am Golfe du Lion, wilde Cevennen, endlose Weinfelder und Burgen wie Adlernester – das Languedoc-Roussillon ist in weiten Teilen noch ein Geheimtip

Das Languedoc-Roussillon gehört zu den französischen Landschaften, die eigentlich kein rechtes Profil haben. Sie rufen nicht wie etwa die Provence oder die Bretagne bei der bloßen Namensnennung ganz bestimmte Bilder und Gefühle hervor. Das sollte sich schon vor Jahren ändern, genauer in den Sechzigern, als der Staat aus der mückenverseuchten Mittelmeerküste des Golfe du Lion ein französisches Florida zu machen gedachte. Alle sprachen von La Grande-Motte, dieser futuristischen Ferienmaschine in Form weißer Hochhaus-Pyramiden nahe der Rhônemündung. Obwohl ein wenig in die Jahre gekommen, ist La Grande-Motte immer noch modern und die Diva unter den neuentstandenen, ständig weiter ausgebauten Badeorten an der Küste des Languedoc-Roussillon. Wer hier Urlaub macht, hat eine eindeutige Wahl getroffen: für das Sonnengrillen am Strand; für das Meer und den mehr oder weniger sportlichen Umgang mit dem Wasser, sprich Segeln, Tauchen, Surfen; für zwei, drei Wochen im Adams- und Evakostüm – kurz, für all das, was unter der häßlichen Bezeichnung Massentourismus zusammengefaßt wird.

Man muß sich klar darüber sein: Das ist der Preis für die Sonnen- und Meeressehnsucht. Wenn schon ein so reizendes Küstenstädtchen wie Collioure, für uns das malerischste, in der Hochsaison 50 000 Tagesbesucher anlockt, wie schaut's dann erst in den am Reißbrett entstandenen Badeplätzen wie Cap-d'Agde, Canet-Plage oder Argelès-Plage aus?

Das Languedoc-Roussillon hat indes weit mehr zu bieten, als ein »französisches Florida«. Vom

Das kleine Cevennendorf Dourbies, nicht weit vom Mont Aigoual und den Gorges du Tarn gelegen

St-Cyprien-Plage im Roussillon bietet feinen Sandstrand zum Faulenzen

Rhônetal bis zu den Pyrenäen, von der Petite Camargue bis zu den Cevennenhöhen umfaßt es eine außerordentliche Vielfalt verschiedener, in sich geschlossener Landschaften. Wie die Sitzreihen eines Amphitheaters steigen von der Küste die mit der macchiaartigen Garrigue bedeckten Hügel zu den Höhenzügen des Haut-Languedoc hinauf, über denen der 1565 m hohe Mont Aigoual sein Haupt erhebt. Es sind aber immer die Küstenregionen gewesen, die über die Jahrtausende Wiege der Zivilisation waren. Schon vor 450 000 Jahren jagte der »Mensch von Tautavel«, wie es heißt der älteste Europäer, in der Küstenebene des Roussillon. Von den Griechen, den frühen Bewohnern von Agathé, dem heutigen Agde, stammt die prächtige Statue des Epheben, die aus dem Meer geborgen wurde und heute im Musée de l'Éphèbe zu sehen ist. Dann kamen die Römer und bauten die Fernstraße Via Domitia, um besser zur Iberischen Halbinsel reisen zu können – 2000 Jahre vor den sonnenhungrigen Nordländern unserer Tage. Die Trasse der Autobahn folgt heute ziemlich genau der von den Römern vorgegebenen Streckenführung. Sie konnten eben so etwas in unübertroffener Perfektion. In Nîmes, der ersten großen Stadt des Languedoc-Roussillon, auf dem Weg durchs Rhônetal südwärts, sind die römischen Hinterlassenschaften wie Maison Carée, Amphitheater, Porte d'Auguste und so fort trotz späterer architektonischer Bemühungen immer noch die Highlights der Stadtbesichtigung. Täuschen wir uns nicht – auch wenn uns die Atmosphäre in den Straßen, das Licht, die Gerüche, das Temperament der Einwohner provenzalisch vorkommen mögen, wir sind im Languedoc-Roussillon. Denn die Ostgrenze bildet bis zur Mündung die Rhône, womit auch ein Teil des Deltas, die Petite Camargue, in unser Gebiet fällt. Also sind auch die schwarzen Stiere, die weißen Camarguepferde, die rosa Flamingos und der ganze Zauber der Wasserwelt zu ent-

AUFTAKT

decken. Ein leidenschaftliches Land, wo man die Stiere nicht aus Profitsucht züchtet – so wenig wie die Feria von Nîmes ein Touristenspektakel ist. Man muß kein aficionado sein, den es zur corrida in die Arena drängt, um die Leidenschaft zur Kenntnis zu nehmen, mit der bei der Feria in Nîmes wie in Béziers die Blutsverwandtschaft zwischen Südfranzosen und Spaniern offenkundig wird. Ob das wohlhabende, mit großartigen Neubauten wie dem kühnen Entwurf »Antigone« lockende Montpellier, die behäbige Weinmetropole Béziers, die ehemalige römische Provinzhauptstadt Narbonne oder das katalanisch geprägte Perpignan – sie alle verdienen einen Besuch. Nicht zu vergessen Carcassonne, genauer die Cité, die mit ihren 38 Türmen und hohen Mauern touristischen Magneten wie dem Mont-St-Michel oder dem Eiffelturm Paroli bietet. Wenn es sich irgend einrichten läßt, sollten Sie allerdings nicht im Juli und August durch die Basargäßchen der Cité bummeln; auch in Rüdesheim herrscht dann nicht weniger Andrang.

Ganz anders, aber nicht weniger intensiv, erlebt man das Hinterland. Es heißt Abschied nehmen von den lebensprühenden Städten, den Sonnenstränden des Golfe du Lion, um aufzusteigen zu den Höhen der Cevennen und weiter zum Mont Lozère, den Monts d'Aubrac und La Margeride. Das ist die Welt der einsamen Bergdörfer, der sich selbst überlassenen Kastanienwälder, der aufgegebenen, halbverfallenen Bauernhöfe. Auf Wanderungen begegnet man kaum je einem Menschen, die Einsamkeit ist überwältigend und für manchen befreiend. Von den Berggipfeln blickt man über endlos gewellte Höhen, die sich in der Ferne in blauem Dunst verlieren. Zuweilen hebt sich gegen die mit dem Gelb des Ginsters betupften mattgrünen Hänge der helle Fleck einer Schafherde ab. Noch immer ist die alljährlich im Frühjahr beginnende *transhumance,* der Auftrieb der Kuh- und Schafherden zu den Sommerweiden, ein großes Fest für die Dörfler und zumindest am letzten Sonntag im Mai auch für Touristen. Das weitverzweigte Netz der *drailles,* der seit Urzeiten von den Herden ausgetretenen Pfade, durchzieht die Landschaft bis hinauf zu den Höhen des Mont Aigoual, Mont Lozère, Mont Aubrac und La Margeride. Doch die Cevennen sind nicht nur Höheneinsamkeit. Berühmt wie die in den Fels geschlagene Corniche des Cévennes sind die Gorges du Tarn, wo der Fluß Hunderte von Metern tiefe Schluchten in den Kalkfels gegraben hat. Es gibt noch andere, weniger bekannte, aber ebenso wildromantische Canyons, wie die Gorges de la Jonte, Gorges de la Dourbie, Gorges de la Vis ... Sie durchziehen und trennen die Causses, die öden, weithin baumlosen Hochplateaus, auf denen nur die Schafe weiden. Die Causses sind Teil des Parc National des Cévennes und bilden damit ein Refugium für viele Tierarten, die hier erneut einen Lebensraum gefunden haben – wie die in großem Stil wieder eingeführten Bartgeier, Adler, Silberreiher und Mufflons. Nach zweihundertjähriger Abwesenheit balzt wieder der Auerhahn in den Wäldern des Nationalparks, wieder eingeführt wurden auch Fischotter und Biber. Die Wölfe in den Wäldern bei Marvejols leben zwar nur in halber Freiheit im Parc à Loups du Gévaudan, immerhin werden sie nicht mehr erbarmungslos gejagt. Auch die Wisente aus Polen, die in den Höhen der Margeride bei Ste-Eulalie weiden, sind heute nur noch Beute der touristischen Fotojäger. Sensationen anderer Art sind unter der Erde verborgen. Es handelt sich nicht um Eisenerz oder Gold, das auch in den Cevennen abgebaut wurde und die Mühe kaum oder gar nicht mehr lohnt. Die Rede ist hier von den Tropfsteinhöhlen. Die Kalkplateaus der Causses sind ein Paradies für Höhlenforscher. In Jahrmillionen hat das ständig einsickernde Wasser wahre Schatzkammern geschaffen. Ende des vorigen Jahrhunderts war das Höhlenfieber besonders heftig. Der Höhlenforscher Edouard-Alfred Martel öffnete allein drei Schatzkammern: Aven Armand mit seinem »Urwald« aus Tropfsteinsäulen, die Grotte de Dargilan und den unterirdischen Fluß Bramabiau mit seinen Galerien und Höhlen. Im Languedoc-Roussillon sind derzeit zwölf Grotten und vier *gouffres* (unterirdische »Abgründe«) mit Zahnradbahn, Leitern, Stegen und kunstvoller Beleuchtung zugänglich.

Der Canal du Midi, Wasserstraße zwischen Atlantik und Mittelmeer, kann als Grenzlinie zwischen dem Languedoc und dem Roussillon gelten. Südlich dieser Linie scheint sich die Landschaft zu öffnen. Hügelauf, hügelab reihen sich die Weinstöcke der Corbières aneinander, wie schon im nördlicher gelegenen Minervois. Hier in den Corbières, wo aus den Hügeln himmelragende Felskegel hochwachsen, liegen die Burgen der Katharer: Quéribus, Peyrepertuse, Puilaurens... Wir sind im *pays cathare*.

Was sich da mit großen Schildern an der Straße ankündigt, ist heute im Dienst des Tourismus so etwas wie ein Markenzeichen. Pays cathare verkauft sich gut, selbst die Produkte des Landes tragen zuweilen dieses Etikett. Wer will es den Nachkommen

In den Hochtälern der Causses findet man Einsamkeit und endlose Weite

AUFTAKT

der »Ketzer« verdenken. In einer Zeit, da Esoterik und Sektierertum Hochkonjunktur haben, interessiert das Schicksal der Katharer viele Menschen. Der *catharisme* hat in Frankreich eine Flut von populären Büchern und wissenschaftlichen Abhandlungen hervorgebracht. Die Frage nach den letzten Dingen, nach dem Platz des Menschen in der Welt, dem Sinn des Lebens, wurde von den Katharern radikal beantwortet: die sichtbare Welt ist ein Werk des Teufels, das Reich Gottes ist geistiger Art, ein Reich des Lichts. Um sich aus der materiellen Gebundenheit zu befreien, lebten die »Reinen« unter den Katharern nach strengen Regeln: kein Fleisch, kein Alkohol, kein Sex. Im Einklang mit ihrer Lehre verzichteten die Katharer auf den Bau von Kirchen, selbst die Katharerburgen, in die sie sich vor dem blutrünstigen Kreuzzugsheer aus dem Norden zurückzogen, wurden nicht von ihnen gebaut, sondern gehörten Seigneurs, die sich ihrer Sache angeschlossen hatten. Nach Einnahme und grundlegenden Umbauten sicherten diese Burgen die Eroberung des Midi für die französische Krone.

Stehen wir oben auf den verfallenen Mauern dieser Adlernester und blicken weit ins Land, berührt uns das Schicksal der Katharer ganz unmittelbar. Ohne gleich eine Wallfahrt zu werden, hinterläßt die Rundfahrt im *pays cathare* und bis zur Burg Montségur weiter westlich, wie sie im Routenkapitel beschrieben ist, einen bleibenden Eindruck. Eine Burg aus späterer Zeit, das gewaltige Fort des Salses nördlich von Perpignan, markiert die historische Grenzlinie zwischen Spanien, genauer Katalonien, und Frankreich. Das Roussillon fiel erst Mitte des 17. Jahrhunderts an den nördlichen Nachbarn. Aus all dem folgt: Hier im Roussillon glaubt man eher in Spanien als in Frankreich zu sein, das katalanische Erbe ist auch nach mehr als 300 Jahren lebendig. Wir bekommen in den Restaurants von Perpignan, Collioure oder Prades katalanische Spezialitäten vorgesetzt, in den Dörfern hört man aus dem Mund der Alten katalanische Laute und im Sommer tanzen sie abends in festlich kostümierten Gruppen die *sardanes.* Selbst das Licht ist im Roussillon rötlicher, leuchtender als weiter nördlich. Fast wie ein mythischer Berg erhebt sich scheinbar zum Greifen nah das Schneehaupt des 2784 Meter hohen Canigou, wenn wir von Perpignan auf Illesur-Têt zufahren.

Man kann – mit einigem Mut zu sportlichen Anstrengungen – teils im Auto, teils zu Fuß zum Gipfel gelangen. Auf keinen Fall versäume man aber den Besuch der zu Füßen des Berges gelegenen Abteien St-Michel-de-Cuxa und St-Martin-du-Canigou. An einem Nachmittag von Casteil zur über 1000 m hoch gelegenen Abtei des heiligen Martin zu wandern, gleicht fast einer Wallfahrt: Über den Wipfeln der Bergkiefern ragt majestätisch die blendend weiße Wand des Canigou auf, und oben, in schwindelnder Höhe, drängen sich die altersgrauen Mauern und Schieferdächer der Abtei auf steil abfallendem Felsen.

In der Abtei St-Michel-de-Cuxa dagegen werden jeden Sommer Konzerte gegeben, zu denen Besucher aus allen Teilen der Welt anreisen. Denn seit 1950 veranstaltet das Städtchen Prades das Festival Pablo Casals, benannt nach dem großen spanischen Violoncellisten, der während des Franco-Regimes seine katalanische Heimat verließ und in Prades unter den Stammesbrüdern auf französischer Seite im Exil lebte.

Abgesehen von solchen Plätzen und den Talorten des Têt, ist die Bergwelt des Roussillon, die Pyrenées Orientales, ein Gebiet von wilder Schönheit. Ganz am Ende der Straße, die von Prades weiter über Villefranche-de-Conflent Richtung Andorra führt, vorbei an Mont-Louis mit seinem »Sonnenofen«, liegt La Cerdagne. Das Berggebiet gilt als Wiege des katalanischen Staates und war im Mittelalter eine eigene Grafschaft. Als das Roussillon mit dem Pyrenäenvertrag 1659 französisch wurde, blieb die mitten in der Cerdagne gelegene Enklave Llivia bei Spanien. Im Sommer kann man hier herrlich wandern, im Winter wird in einigen der nahegelegenen größten Wintersportzentren der Pyrenäen, von Font-Romeu bis zum Puigmal, Ski gelaufen.

Parallel zur spanischen Grenze verläuft noch weiter südlich der Haut Vallespir, die Bergregion mit dem Tal des Tech. Kommen Sie im Februar nach Prats-de-Mollo, so erleben Sie einen urtümlichen Brauch, *le jour de l'ours,* den Tag des Bären. Die Legende vom Bären, der eine junge Hirtin raubte und eigentlich der Teufel war, wird farbenprächtig und mit rauher Leidenschaft von den Dörflern zum Leben erweckt. Dazu gehörte früher auch, daß man gefangene Bären in Ketten auf den Marktplatz führte und ihnen das Fell abrasierte. Damit sollte die Kraft des Tieres auf ihre Bezwinger übergehen. In Ermangelung echter Bären, von denen es in den gesamten französischen Pyrenäen nur noch weniger als zehn Exemplare gibt, spielt heute ein junger, in Fell gekleideter Mann das Opfer.

Montpelliers Arc de Triomphe wurde 1693 zu Ehren Ludwigs XIV. erbaut

AUFTAKT

Geschichtstabelle

450 000 v. Chr.
Der Homo erectus lebt und jagt bereits im Rouissillon. Funde von Resten eines menschlichen Skeletts in der Grotte Caune de l'Arago bei Tautavel bezeugen es

560 v. Chr.
Phönizier gründen Agathé (Agde)

2. Jh. v. Chr.
Die Römer erobern das Languedoc-Roussillon

118 v. Chr.
Die Römer gründen die Colonia Narbo Martius, das heutige Narbonne. Bau der Via Domitia

58–51 v. Chr.
Cäsar erobert Gallien

3.–5. Jh.
Invasion der Alemannen, Wandalen und Westgoten

507
Schlacht von Vouillé: Chlodwig schlägt die Westgoten, von ihrem Reich bleibt nur die sogenannte Septimania (Carcassonne, Narbonne, Béziers, Agde, Nîmes, Elne, Maguelone)

719
Einnahme von Narbonne durch die Sarazenen

1112
Der Graf von Barcelona wird Herr des Languedoc

1204
Der König von Aragon herrscht über Montpellier, den Gévaudan und Millau

1209
Beginn des Kreuzzugs gegen die Katharer. Eroberung von Béziers und Carcassonne durch Simon de Montfort

1244
Fall von Montségur

1250–1320
Die Inquisition löscht den Katharismus aus

1276–1344
Königreich von Mallorca, Hauptstadt ist Perpignan

1559–1598
Religionskrieg. Das Languedoc ist protestantisch

1659
Pyrenäenfrieden: Das Roussillon und die Cerdagne werden französisch

1666–1680
Bau des Canal du Midi

1702–1704
Kamisardenaufstand

1907
Aufstand der Winzer des Midi gegen die gewerkschaftsfeindliche Regierung Clémenceau

1963
Beginn der touristischen Erschließung der Küste

1970
Schaffung des Parc National des Cévennes

1995
Schaffung des Parc Naturel Régional des Grands Causses

STICHWORTE

Von Canal du Midi über Katharer bis Wein

Okzitanisch ist das Erbe, katalanisch die Identität

Canal du Midi

Von Toulouse bis ins Bassin de Thau an der Küste des Languedoc zieht sich diese alte Wasserstraße. Zusammen mit dem Garonne-Seitenkanal verbindet sie den Atlantik mit dem Mittelmeer. Sie in einem gemieteten Hausboot zu befahren, zählt gewiß zu den schönsten Reiseerlebnissen im Zeitalter des Flug- und Autoverkehrs. Die Gesamtstrecke mißt 240 km, dabei sind 64 Schleusen, 55 Aquädukte, sieben Kanalbrücken und 126 andere Brücken zu absolvieren. Begonnen wurde das gigantische Werk, für dessen Vollendung 12 000 Arbeiter 14 Jahre lang mit Hacke und Schaufel schufteten, im Jahre 1666 auf Initiative des aus Béziers stammenden Pierre-Paul Riquet, Baron de Bonrepos. Er konnte den Sonnenkönig persönlich für sein Projekt begeistern, mußte allerdings nach Flaute in der königlichen Scha-

Hausbootfahrten auf dem Canal du Midi sind eine geruhsame Alternative zum Trubel in den Ferienhochburgen

tulle selbst für die weitere Finanzierung aufkommen. Nachdem er dafür sogar die Mitgift seiner Töchter eingesetzt hatte und seine Familie für einige Generationen mit Schulden belastete, starb er 1680 wenige Monate vor der Vollendung des Kanals.

Causse

Als *causses* werden die fast menschenleeren, endlosen Hochflächen aus Kalkfels bezeichnet, die sich nordwestlich an die Cevennen anschließen: Causse Méjean, Causse Noir, Causse de Sauveterre, Causse du Larzac. Es ist eine Welt für sich, von grandioser Einsamkeit, dabei keineswegs so abweisend, wie sie auf den ersten Blick erscheinen mag. Man begegnet hier großen Schafherden. Sie liefern die Milch für exquisiten Käse, unter anderem für den berühmten Roquefort (der Bleu des Causses wird dagegen aus Kuhmilch gewonnen). In die bis tausend Meter hoch gelegenen Causses sind tiefe Schluchten eingegraben: Gorges du Tarn, Gorges de la Jonte, Canyon de la Dourbie. Sie sind touristische

Höhepunkte, wie die zahlreichen Grotten der Region, teils in den Causses gelegen wie Aven Armand, Grotte de Dargilan und Abîme de Bramabiau oder am Rand der Causses bzw. der Cevennen wie die Grotte des Demoiselles, Aven les Lauriers oder Grotte de Clamouse.

Garrigue

Die *garrigue* entspricht dem *maquis* in anderen Gebieten der Mittelmeerländer, wächst aber im Gegensatz dazu auf Kalkböden. Es ist die typische Landschaft des Bas-Languedoc, von der Küstenzone bei Montpellier und Nîmes bis zu den Cevennen, sowie der Corbières und des Pays Cathare. Lavendel, Thymian, immergrüne Steineichen bilden die überwiegend buschartige, in der Sonne des Midi stark duftende Vegetation. Die Garrigue ist keineswegs so eintönig, wie es den Anschein hat: Von den Gorges de l'Ardèche im Norden bis zum 658 m hohen Pic St-Loup nördlich von Montpellier, ist die Landschaft von grandiosen Canyons und spektakulären Grotten durchzogen.

Kamisarden

In seiner Novelle »Der Aufruhr in den Cevennen« (1826) beschreibt Ludwig Tieck den heroischen Kampf der protestantischen Bergbewohner nach der Aufhebung des Edikts von Nantes durch Ludwig XIV. (1685) und die damit verbundene erneute Verfolgung der Hugenotten. Hunderttausende verlassen Frankreich trotz drakonischer Strafen. Als die Unterdrückung immer schlimmer wird, wehren sich die Protestanten mit der Waffe: Im Juli 1702 bricht der Cevennenkrieg aus, der bis zur

Niederschlagung 1710 dauert. Die Aufständischen (drei- bis fünftausend Mann) werden *camisards* (abgeleitet von dem okzitanischen Wort *camiso* für Hemd) genannt. Gegen diese Guerillakämpfer bot die Staatsmacht bis zu 30 000 Soldaten auf, und Ludwig XIV. ließ sogar für seine Truppen die heute so beliebte Panoramastraße Corniche des Cévennes in die felsige Bergwildnis schlagen. Ein eigenes Museum (Musée du Désert) im Mas Soubeyran, Vallée des Camisards bei St-Jean-du-Gard, ist dem Aufstand der Kamisarden gewidmet.

Katalanisch

Die Grenze mit Spanien im Südosten ist zwar mit dem Pyrenäenfrieden 1659 zugunsten Frankreichs verschoben worden, im Roussillon, einst Teil von Katalonien, ist aber weiterhin die katalanische Herkunft und Zugehörigkeit aktuell. Darauf gründet hier zum guten Teil die kulturelle Identität, etwa ein Drittel der Bevölkerung spricht weiterhin auch Katalanisch im Alltag und pflegt die katalanische Literatur. Dazu gehören auch die Volksbräuche, die alles andere als touristische Folklore sind: wie die *sardane,* ein streng choreographischer Volkstanz, begleitet von der *cobla,* dem Orchester, oder die *passejada,* ein abendlicher Korso der Jugend in den Straßen der Städte des Roussillon.

Katharer

Die Lehre der religiösen Sekte der Katharer (vom Griechischen für die »Reinen«) gründete auf den Worten eines Jüngers von Zarathustra, Mani, der im Persien des 3. Jh. also sprach: »Zwei

STICHWORTE

Die steinernen Kreuze im pays cathare erinnern an die Verfolgung und Martyrium der »Ketzer«

Mächte teilen sich das Universum: das Gute und das Böse, Finsternis und Licht.« Während die geistige Welt des Lichts und der Schönheit Gottes Reich ist, herrscht Satan in der materiellen Welt. Im Laufe der Jahrhunderte gelangte die Lehre der Manichäer nach Bosnien, wo ihre Anhänger unter dem Namen Bogomilen großen Einfluß gewannen. Bei einer Verbreitung in andere Länder Europas faßte der Katharismus aber erst im Languedoc Fuß und wurde zu einem ernsthaften Konkurrenten der katholischen Kirche. Da die Katharer die Welt als Werk des Teufels ansahen, lehnten sie die Sakramente der katholischen Kirche, Jesus als den Erlöser und die Heiligen ab. Sie hatten eigene Bischöfe und Diakone und unterschieden sich in Eingeweihte, sogenannte *parfaits* oder *bonshommes*, und normale Anhänger, *croyants*. Da sie zuerst in der Stadt Albi hervortraten, nannte man die Katharer auch Albigenser. Ihre Anhänger rekrutierten sich aus allen sozialen Schichten der Bevölkerung. Die katholische Kirche sah ihre Vorherrschaft bedroht, und 1208 rief der Papst zum Kreuzzug gegen die Ketzer auf. Mit beispielloser Grausamkeit wurden die Katharer verfolgt und getötet. Bei der Einnahme von Béziers gab es kein Pardon: »Tötet sie alle, der Herr wird die Seinen erkennen«, rief der Kirchenmann Arnaud Amaury aus. Der Vormarsch der Kreuzzügler unter Führung des grausamen Simon de Montfort wurde jedoch mehr und mehr vom heiligen zum Eroberungskrieg. Mit dem Fall der Katharerburgen Montségur 1244 und Quéribus 11 Jahre später war jeder Widerstand gebrochen. Es folgte die finstere Zeit der Inquisition (1250–1320), viele Katharer flohen ins Ausland. 1321 wurde der letzte bekannte *parfait*, Guillaume Bélibaste, in der Nähe von Carcassonne auf dem Scheiterhaufen verbrannt.

Langue d'Oc

Die Sprache, die der Region ihren Namen gegeben hat, entstand aus dem Umgangslatein und dem gallischen Sprachfundus. Der Langue d'Oc steht die Langue d'Oïl gegenüber, unterschieden durch die weiche oder harte Aussprache des »oui«. Die Grenze zwischen den Sprachbereichen verlief nördlich des Massif Central. Im Mittelalter, mit den Troubadours, erlebte die Langue d'Oc, oder lateinisiert *lingua occitana*, das Okzitanische, eine Blüte. Es hat, je nach Region, in mehreren großen Dialekten überlebt: Languedokisch, Gaskonisch, Limousinisch, Auvergnatisch und Provenzalisch. Ähnlich wie das katalanische Erbe ist auch das Okzitanische in unserer Zeit noch lebendig. Immerhin rund 10 Millionen Menschen des Südens verstehen bzw. sprechen die alte Sprache.

Malerei

Das Roussillon hat in der Malerei der Moderne eine ausschlaggebende Rolle gespielt. In Collioure wurde mit Henri Matisse und André Derain 1905 der Fauvismus, die Malerei der *fauves,* der »Wilden«, geboren; in Céret weilten von 1911 bis 1913 Picasso und Braque und machten das Städtchen zum »Mekka des Kubismus«, in das im Laufe der Jahre viele große Künstler pilgerten. Von Salvadore Dalí ist die scherzhafte Bemerkung überliefert, daß der Bahnhof von Perpignan das Zentrum der Welt sei. Damit spielte er darauf an, daß hier Größen wie Matisse, Picasso, Derain, Chagall, Delaunay, Miró und Ossip Zadkine auf der Fahrt nach Collioure, Céret, Banyuls oder Elne ankamen. Es ist schon faszinierend, vor Ort und in den reichbestückten Kunstmuseen des Languedoc-Roussillon den Spuren der großen Maler zu folgen.

Romanische Kunst

Überall im Languedoc-Roussillon, abgesehen von den oberen Cevennen, stößt man auf romanische Kirchen, Kapellen und Abteien, die oft mit wertvollen Kunstwerken – figurenreichen Kapitellen, Tympana, Kreuzgängen, Fresken oder Schmiedearbeiten – geschmückt sind. Die Romanik kam erst verhältnismäßig spät, zu Beginn des 11. Jhs.,

von der Lombardei ins Languedoc. Im Roussillon entwickelte sich ein sehr einheitlicher, origineller Stil, dessen reichverziertes, florales Rankenwerk mit menschlichen Figuren und phantastischen Tieren durchwoben ist und auf orientalische Wurzeln weist.

Die besten Beispiele sind hier die katalanischen Klöster mit einmaligem Kapitellenschmuck, wie die Prieuré de Serrabone, St-Michel-de-Cuxa oder der Kreuzgang von Elne. Die Romanik kam so sehr dem Geschmack und den Bedürfnissen der lokalen Bevölkerung entgegen, daß sie bis weit ins 12. Jh. wirkte. Neben den reich mit Skulpturen geschmückten Kirchen wurden im Languedoc-Roussillon zahlreiche romanische Wehrkirchen gebaut, in die sich die Bevölkerung bei inneren Kämpfen oder Bedrohungen von außen flüchtete.

Via Domitia

Steht man in Nîmes vor der Porte d'Auguste, kann man sich unschwer vorstellen, wie hier die Wagen und Reiter auf der Via Domitia, von Beaucaire kommend, in die Stadt zogen. Die Via Domitia, erbaut um 118 v. Chr. vom Prokonsul der Provinz Gallia Narbonensis, Gnaius Domitius Ahenobarbus, war eine der Hauptschlagadern des römischen Reiches. Als Militärstraße konzipiert, wurde sie schnell auch ein wichtiger Handelsweg zwischen Rhône und Pyrenäen. Befestigte Militärlager, Häfen und Städte wurden entlang der Straße erbaut. Die Autobahn nach Spanien folgt auf mehreren Abschnitten fast exakt dem Verlauf der Via Domitia. Dadurch wur-

STICHWORTE

den zwar wichtige historische Spuren getilgt, doch an vielen Stellen sind Bauten und Straßenpflaster erhalten. Das Comité Régional de Tourisme bemüht sich um die Wiederherstellung und Bewahrung, stellt Tafeln mit einem römischen Wagenlenker und Beschreibungen auf und gibt eine detaillierte Wegbeschreibung heraus. Zahlreiche militärische Meilensteine mit den Namen von Kaisern und ihren Titeln, gepflasterte Abschnitte, Brückenbögen, die Ausgrabung eines Forums und Museen mit römischen Funden kann man heute am ursprünglichen Verlauf der Via Domitia sehen.

Wein

Mit fast einem Drittel der Gesamtrebfläche ist das Languedoc Frankreichs größte Weinregion. Der Ruf, hauptsächlich billige Massenware zu produzieren, die als *vin ordinaire* die besseren Weine der Region in den Hintergrund drängt, gehört für das Languedoc-Roussillon der Vergangenheit an. In den 80er Jahren hat man mehreren großen Weinbaugebieten im Languedoc den AC-Status (Appellation contrôlée) zuerkannt, u. a. Coteaux du Languedoc, Corbières, Minervois, St-Chinian, Costières du Gard. Im Roussillon sind die Haupt-Appellationen Côtes du Roussillon, die besseren nördlichen Lagen heißen AC Côtes du Roussillon-Villages. Einige Zahlen: Die Coteaux du Languedoc zwischen Narbonne und Nîmes produzieren in 157 Gemeinden 300 000 hl, die Côtes du Roussillon südlich von Perpignan bis zu den Pyrenäen 220 000 hl Rotwein und rund 600 000 hl Vin Doux Naturel. 98 Prozent der Vins Doux Naturels Frankreichs werden im Languedoc-Roussillon erzeugt: Muscatweine und der Aperitif Noilly Prat, von dem 85 Prozent exportiert werden, sowie die Banyuls-, Maury- und Rivaltesweine, schwere, portweinähnliche Likörweine, die im allgemeinen rot sind. Von großer Bedeutung sind außerdem die *vin de pays,* die Landweine, unter der Bezeichnung Vin de Pays d'Oc. Sie werden in drei Kategorien unterteilt: die charaktervollen Weine einer Rebsorte, die Weine mehrerer Rebsorten und die *primeurs,* die jungen Rotweine. Sie alle sind generell angenehme Tischweine zu niedrigen Preisen.

Durch die großen Weinbaugebiete führen schöne Weinstraßen, wo landschaftliches Erlebnis, Kultur und Gastronomie sich perfekt ergänzen, beginnend mit den Côtes du Rhône im Norden über die Coteaux du Languedoc, das Minervois und die Corbières bis zu den Côtes du Roussillon. Gesäumt ist der Weg von Kellereien und Weingütern, die Weinproben *(dégustation)* anbieten.

Weinlese bei Rivesaltes

ESSEN & TRINKEN

Mediterrane Küche

*Lernen Sie Spezialitäten wie Anchoïade,
Brandade de morue und Crème catalane kennen und lieben*

Die Vielfalt der kulinarischen Spezialitäten des Languedoc-Roussillon verbietet, nur von einer Küche zu sprechen. Beginnen wir im Norden: In den Cevennen werden berühmte Schimmelpilzkäse wie der Roquefort (aus Schafsmilch) und der qualitativ ebenbürtige, aber billigere Bleu des Causses (aus Kuhmilch) hergestellt. Aus den zahlreichen Flüssen der Bergregion kommen *truites* (Forellen) und *écrevisses* (Krebse). Eine große Rolle haben seit jeher Eßkastanien und Pilze gespielt. Ohne die Eßkastanie hätten die Bergbewohner in Notzeiten kaum überlebt. Die *châtaigne* wird im Oktober und November gesammelt und als Beilage zu Fleischgerichten serviert, wie *garennes* (Wildkaninchen) oder als *pain chaud à la châtaigne* zu Salaten mit *foie gras* (Gänse- oder Enten-Stopfleber). Im Languedoc profitiert die Küche vom Meer und ist insgesamt mediterran geprägt. Das heißt: Kräuter wie Thymian, Rosmarin, Salbei, Estragon, Basilikum, die größtenteils wild in

Frische Meeresfrüchte machen Appetit

der kargen Garrigue wachsen, werden zum Verfeinern der Speisen ebenso verwendet wie Olivenöl. *Aïoli* läßt Liebhaber dieser Küche schwärmen: eine dicke Sauce auf der Basis von Knoblauch und Olivenöl. *Rouille* ist eine sehr pikante Sauce mit Knoblauch, rotem Paprika und Olivenöl. Oder *tapenade:* feines Püree auf der Basis von schwarzen Oliven, Olivenöl und Gewürz. Das Meer liefert (immer noch) eine Fülle frischer Fische, Muscheln, Schalentiere. *Anchois* (Sardellen) und Sardinen sind besonders reich vertreten. *Huîtres* (Austern) werden auf den Bänken von Bouzigues, bei Sète, gezüchtet. An der Küste trifft man immer wieder auf Verkaufsstände, wo *dégustation de fruits de mer* geboten wird. *Bouillinade* ist die Fischsuppe der Region, dazu gibt es *el pa y all,* mit Knoblauch eingeriebene und mit Olivenöl beträufelte Brotscheiben. *Brandade de morue,* cremiges Stockfischpüree, ist eine Delikatesse, wenn es wie hier mit Olivenöl in Blätterteig oder mit Kartoffelpüree auf den Tisch kommt.

Roh, mit Knoblauch und Petersilie gewürzt, ißt man die *tel-*

Das Original: Cassoulet nach dem Rezept von Castelnaudary

lines, Plattmuscheln, deren feines Fleisch köstlich schmeckt. *Bourride* heißt ein Gericht mit Seeteufel in Sauce, einem Fisch, dessen kernig-festes Fleisch grätenlos ist. Als Zutat zu Suppen wird eine Würzpaste aus Basilikum, Knoblauch, Olivenöl serviert, das heißt dann *soupe au pistou.*

Will man Fleisch essen, ist *bœuf à la gardianne* (oder *gardianne de toro*) zu empfehlen: Das Rindfleisch wird zuvor mazeriert, in aromatischer Flüssigkeit eingeweicht, ehe es gekocht wird. Ein eigenes Kapitel könnte dem *cassoulet,* dem köstlichen Bohneneintopf, gewidmet werden. Dieses traditionelle Gericht ist bestimmt etwas ganz Besonderes. Es gibt drei Rezepte, kreiert in Toulouse, Castelnaudary und Carcassonne. Alle drei haben als Hauptbestandteil weiße Bohnen, die Unterschiede liegen in der Wahl der Zutaten. Der *cassoulet* von Castelnaudary gilt als der »authentische«, vielleicht deshalb, weil in der Umgebung der Stadt die ideale weiße Bohne für das Gericht wächst. Sie ist länglich, fleischig, cremig und hat eine feine Haut, durch die das Aroma der Zutaten eindringen kann. Zu den lange und langsam in Gänse- oder Entenschmalz, Speck und Würzzutaten geschmorten weißen Bohnen gibt man *confit d'oie* oder *confit de canard,* (eingemachtes Gänse- oder Entenfleisch) und Knoblauchwurst. Auch Schweine- und Hammelfleisch sind als Zutaten geschätzt.

Im Roussillon ist die Küche stark katalanisch geprägt. Die weite Küstenebene südlich von Perpignan ist ein einziger Obst- und Gemüsegarten. Man erntet Spargel, Artischocken, Kopfsalat, Erbsen. Fisch und Meeresfrüchte spielen eine große Rolle, besonders an der Küste: Collioure ist der Hauptort für *anchoïade* oder *anchoyade,* Sardellenfilet mit Knoblauch, Olivenöl, eventuell einem Schuß Essig, eine köstliche Vorspeise. Ein Muß ist die *cargolade,* ein Gericht, das bei ländlichen Festen im Stehen gegessen und unter lautem Palaver mit viel Rotwein hinuntergespült wird: Schnecken mit stark gewürztem

ESSEN & TRINKEN

Speck, Würste, Lammkoteletts, Aïoli. Dazu braucht man einen kräftigen Magen, wie auch für die *ouillade,* eine Art Eintopf, nämlich aus Kohl und anderem Gemüse sowie Speck oder dem *tourteau à l'anis,* Taschenkrebs aus dem Mittelmeer, der schwerverdaulich ist, aber ein kräftiges, aromatisches Fleisch hat. *Braou bouffat* ist so deftig wie der Name klingt: eine Wurstbrühe mit Kohl, Reis und Nudeln. Typisch fürs Roussillon ist ferner der katalanische Eintopf *escuedella,* mit Rindfleisch oder gefülltem Truthahn, Eiern und Gemüse. Zu bestimmten Zeiten kann man auch *perdreau à la catalane* bekommen, junges, saftiges Rebhuhn mit Tomatenvierteln, Knoblauchwürstchen und Oliven. Als Nachtisch sei hier nur *crème catalane* genannt; sie ist einfach unwiderstehlich.

Am besten trinkt man im Languedoc-Roussillon natürlich einen Wein der Region, in der man sich gerade befindet. In der Gegend von Nîmes einen Côtes du Rhône, zum Beispiel Tavel, Chusclan Lirac, Laudun oder den weißen Clairette de Bellegarde. Im Languedoc einen Coteaux du Languedoc wie Faugères, St-Chinian oder Clairette du Languedoc. Im Minervois, in den Corbières, werden sehr gute Rot-, Rosé- und Weißweine ausgeschenkt, auch den Namen Fitou, Malepère oder Le Cabardès sollte man sich merken; hier wachsen auf kleiner Fläche Qualitätsweine. Die Blanquette de Limoux wird in Frankreich so geschätzt wie mancher Champagner, ist sie doch der älteste Schaumwein des Landes. Die Côtes du Roussillon, im südlichsten Weingebiet Frankreichs, haben in jüngerer Zeit an Qualität generell zugelegt, ob rot, rosé oder weiß. Klein aber fein sind die süßen, portweinähnlichen Rotweine Banyuls, Maury und Rivesaltes, die als Aperitif getrunken werden. Bei der Wahl des passenden Weins gibt's so gut wie keine Enttäuschung, denn jedes Restaurant, das mehr sein will als eine Imbißbude am Strand, schenkt zumindest einen sauberen, preiswerten Tropfen aus.

Ritterliche Hobbywinzer

Unter den Weingebieten des Languedoc-Roussillon nimmt die Zone des natursüßen Banyuls, gelegen im südlichsten Zipfel bei Collioure nahe der spanischen Grenze, nur wenig Platz ein. Auf schmalen Terrassen wachsen die Rebstöcke die steilen Hänge über der Küste hoch. Der Banyuls »muß das Meer sehen«, heißt es. Weinbau ist hier ein harter Job. Das war schon zur Zeit der Tempelritter so, die sich als Pioniere der Weinerzeugung betätigten. Um den Transport von den steilen Hängen in die Keller zu erleichtern, legten sie ein Netz von Tonröhren, durch die der Traubensaft talwärts strömte. Die Methode funktionierte so gut, daß sie bis ins letzte Jahrhundert Anwendung fand. Im Städtchen Banyuls kann man bei einer Kostprobe in der Kellerei »Celliers des Templiers« auf das Wohl der gewitzten Hobbywinzer anstoßen.

EINKAUFEN

Jede Region hat ihr Kunsthandwerk

Vielfältig ist das Angebot, vom provenzalischen Norden bis zum katalanischen Süden

Über den Wochenmarkt in einem der Städtchen und Dörfer zu bummeln, ist immer ein Vergnügen. Hier finden sich all die Produkte, denen die französische Küche ihren guten Ruf verdankt. Die Qualität ist im allgemeinen ohne Tadel, ebenso die Frische. Kleine Produzenten mit wenigen Produkten sind besonders zu empfehlen, denn sie beziehen ihr Gemüse, Geflügel oder den Käse garantiert nicht über den Großhandel. Das gilt auch für Spezialitäten wie etwa verschiedene Honigsorten, den Edelpilzkäse Bleu des Causses, Gewürze, eingemachte Eßkastanien, Wurstwaren und die Weine der Region. Hier findet man zuweilen auch ein Souvenir, sei's ein geflochtener Korb, Keramik oder anderes regionales Kunsthandwerk.

Zum Weinkauf laden im Languedoc-Roussillon zahllose *caves,* Coopératives und Winzer ein, Stichwort *dégustation.* Der Liebhaber folgt dabei den Weinrouten von der Costières de Nîmes über die Coteaux du Languedoc bis hinunter nach Banyuls. Besondere Mitbringsel sind die in schöne Flaschen gefüllten *vins doux naturels,* zum Beispiel der Muscat de Rivesaltes oder der etwas feinere rote, süße Banyuls. Für den Familiengroßeinkauf sind die riesigen Supermärkte an den Stadträndern gute Einkaufsquellen. Das Sortiment an günstigen Markenartikeln ist im allgemeinen sehr groß, meist findet man in den Regalen auch regionale Produkte.

Die Öffnungszeiten der Geschäfte sind nicht einheitlich geregelt. Als Richtschnur kann gelten: Wochentags sind die meisten Geschäfte von 9 bis 12.30 und von 14 bis 19 Uhr geöffnet. Verschiedene Geschäfte wie Bäckereien, Fleischerläden, Tabak- und Souvenirläden sowie Supermärkte haben oft durchgehend und meist auch am Sonntagvormittag geöffnet. Dafür ist besonders in kleinen Orten der Montag für den Einzelhandel Ruhetag. In der Hauptferienzeit wird von dieser Regel jedoch öfters abgewichen.

In der Poterie La Madeleine in der Nähe von Anduze kann man bei der Herstellung der Töpferwaren zusehen

LANGUEDOC-ROUSSILLON-KALENDER

Büßerprozession und Stierkampf

*Im Volk verwurzelt sind viele Festbräuche,
ob religiöser oder weltlicher Art*

Der Festkalender des Languedoc-Roussillon ist gespickt voll mit Festivals aller Art. Ganz obenan stehen Musikfestivals, sei's ein klassisches Konzert in einer romanischen Dorfkirche, ein Orgelkonzert in einer Kathedrale oder ein internationales Musiktreffen, voran das weltberühmte Festival Pablo Casals von Prades unter Teilnahme internationaler Künstler. Tanz, Folklore, Theater, selbst der Karikatur und den Marionetten sind Festivals gewidmet. Die großen Städte Nîmes, Carcassonne, Montpellier, Béziers, Perpignan überbieten sich gegenseitig mit sommerlichen Festen, wobei jedes eine ausgeprägt eigene Note hat.

OFFIZIELLE FEIERTAGE

1. Januar *(Nouvel An); Ostermontag (Lundi de Pâques);* 1. Mai *(Fête du Travail);* 8. Mai *Kriegsende 1945 (Fin de la Guerre en Europe); Christi Himmelfahrt (Ascension); Pfingstmontag (Lundi de Pentecôte);* 14. Juli *(Fête Nationale);* 15. August *(As-*

Schifferstechen (Joutes) in Sète

somption, Mariä Himmelfahrt); 1. November *(Toussaint, Allerheiligen);* 11. November *(Armistice; Ende des Ersten Weltkrieges 1918);* 25. Dezember *(Noël, Weihnachten)*

BESONDERE VERANSTALTUNGEN

Ganzjährig
Montolieu (**108/C5**): ★ Marché du livre, jeden Monat am 3. Sonntag.

Januar–März
Limoux (**112/C3**): Karneval, jeden Sonntag bis Palmsonntag.

Februar
Prats-de-Mollo (**113/D6**): Karneval, Tag des Bären (Journée de l'Ours), letzter Sonntag.

März/April
Arles-sur-Tech (**113/D6**): Nächtliche Büßerprozession, Karfreitag.
Collioure (**113/F6**): Büßer-Prozession, Karfreitag.
Perpignan (**113/E5**): ★ Büßerprozession der Confrérie de la Sanch, Karfreitag.

Mai
Aubrac (**110/A2**): Almauftrieb (Fête de la Transhumance), letzter Sonntag.

Nîmes (**115/E2**): ★ Feria de la Pentecôte mit Corridas, Bällen, Konzerten, Pfingsten.

Juni
Bouzigues (**114/B4**): Fête des Pêcheurs, letztes Wochenende im Juni.
Montpellier (**114/C3–4**): Ballett- und Opernaufführungen, Ende Juni.
St-Guilhem-le-Désert (**114/B3**): Barockmusik in der Abbaye de Gellone, Ende Juni.

Juni/Juli
Perpignan (**113/E5**): Festival de Théâtre, Konzerte, Mitte Juni bis Ende Juli.
St-Gilles (**115/E3**): Musikfestival, Ende Juni bis Mitte Juli.

Juli
Alle Orte: 14. Juli, Nationalfeiertag mit festlichen Veranstaltungen am Vorabend.
Béziers (**114/A4**): Festival klassischer Musik, Anfang bis Mitte Juli.

Cap d'Agde (**114/B5**): Fête de la Mer, Ende Juli.
Carcassonne (**113/D2**): Festival de Carcassonne (Oper, Konzerte, Theater), ★ bengalische Beleuchtung der Cité, 14. Juli.
Céret (**113/E6**): »Céret de Toros«, Stierkämpfe, Kuhkämpfe, Volkstanz *(sardanes),* 2. Wochenende im Juli.
Frontignan (**114/C4**): Festival du Muscat, 3. Woche.
Palavas-les-Flots (**114/C4**): Schifferstechen (Joutes Nautiques), Mitte Juli.
Prades (**113/D5**): ★ Festival Pablo Casals, letzte Juliwoche bis Mitte August, Filmwoche Les Ciné-Rencontres, 3. Juliwoche.
St-Jean-du-Gard (**110/C5**): Wagenumzug und Szenen des Cevennenlebens, 14. Juli; Tag des französischen Chansons.
Sète (**114/B4**): Festival de Sète, Musik, Tanz, Theater und Variété, 2. Julihälfte.
Uzès (**115/E2**): Nuits Musicales, 2. Julihälfte.

MARCO POLO TIPS FÜR FESTE

1 Für Bücherwürmer
Seit dem Jahre 1990 gehört Montolieu zu den »Bücherstädten« Europas
(Seite 25)

2 Büßerprozession
»La Sanch«, das größte Fest in Perpignan, findet an jedem Karfreitag statt
(Seite 25)

3 Stierkampf und Volksfest
Bei der Feria de la Pentecôte in Nîmes geht's heißblütig spanisch zu
(Seite 26)

4 Carcassonne brennt
Am 14. Juli erstrahlt die mittelalterliche Cité in feuerroter Beleuchtung
(Seite 26)

5 Pablo Casals Vermächtnis
Im Exil gründete der große Cellist das weltbekannte Musikfest von Prades (Seite 26)

6 Katalanisches Tanzfest
Authentisch ist la Sardane, wie man sie in Banyuls und anderen Orten erlebt
(Seite 27)

LANGUEDOC-ROUSSILLON-KALENDER

Gardians, Stierhüter, bei einem lokalen Fest in der Petite Camargue

Juli/August
Alès (**111/D5**): Festival du Jeune Théatre, Anfang bis Mitte Juli, Sommerfestival Anfang Juli bis Ende August, Weinmesse (Foire aux Vins), Mitte Juli.
La Grande-Motte (**115/D4**): Musikalische Nächte, Mitte Juli bis Mitte August; provenzalischer Tag mit Gardians, Arlesierinnen, Musikanten, letzter Sonntag im Juli.
Le Vigan (**110/B5**): Festival de Musique Classique, Mitte Juli bis Ende August.

August
Amélie-les-Bains (**113/E6**): Festival Folklorique International, 1. Augusthälfte.
Banyuls (**113/F6**): ★ Festival de la Sardane, katalanisches Fest mit 400 Tänzern, 1. Wochende.
Béziers (**114/A4**): Feria de Béziers, mit Corridas, Tanz, Musik, Mitte August.
Bouzigues (**114/B4**): Austernmarkt (Foire aux Huitres).
Carcassonne (**113/D2**): mittelalterliches Ritterturnier (Tournoi de Chevalerie), erste Augusthälfte.
Céret (**113/E6**): Festival de la Sardane, katalanisches Fest mit 400 Tänzern, vorletzter Sonntag im August.
Sète (**114/B4**): Fête de la St-Louis mit Schifferstechen, Schwimmwettkampf, Ende August.

September
Arles-sur-Tech (**113/D6**): La Route du Fer, Mittelalterfest mit altem Handwerk, Akrobaten, Feuerschluckern, 1. Wochenende.
Mialet (**110/C5**): Zusammenkunft der Protestanten im Mas Soubeyran, 1. Sonntag.
Perpignan (**113/E5**): Internationales Foto-Festival, Ende August bis Mitte September.

Oktober
Béziers (**114/A4**): Fête du Vin Nouveau, 3. Sonntag.
Montpellier (**114/C3-4**): Festival International du Cinéma, Foire Internationale, Ende Oktober.
St-Estève (**113/E5**): Festival International de la Caricature, 3. Woche.

CEVENNEN

Wo der Wind der Freiheit weht

*Gorges du Tarn, Corniche des Cévennes, Mont Aigoual –
die Cevennen trumpfen mit großartiger Natur auf*

Nur 65 km Luftlinie sind es von den Hochhaus-Pyramiden von La Grande-Motte zum 1565 m hohen Mont Aigoual. Dazwischen liegen Welten. Während sich unten an den Mittelmeerstränden die Badegäste drängen, herrscht auf den Höhen der Cevennen schier grenzenlose Freiheit. Das Gebiet der wilden

Eine Kanufahrt durch die Gorges du Tarn ist ein unvergeßliches Erlebnis

Schluchten, der Kalkhochflächen (Causses), Kastanienwälder und Grotten war immer ein Zufluchtsort für Andersgläubige, Aufständische und Einsamkeitsfanatiker.

Inzwischen hat sich einiges geändert, wenn auch nicht die Landschaft. Der Tourist unserer Tage kann es halten wie einst Robert Louis Stevenson und sich mit einem Esel auf die Spuren des Autors der »Schatzinsel« begeben, er kann auf den Causses und

---

Hotel- und Restaurantpreise

Hotels
Kategorie L: ab 900 FF
Kategorie 1: 500–900 FF
Kategorie 2: 250–500 FF
Kategorie 3: bis 250 FF
Die Preise gelten für zwei Personen im Doppelzimmer ohne Frühstück. Bei nur einer Person ermäßigt sich der Preis in der Regel nicht.

Restaurants
Kategorie L: ab 500 FF
Kategorie 1: 275–500 FF
Kategorie 2: 150–275 FF
Kategorie 3: bis 150 FF
Die Preise gelten für Menüs (für eine Person ohne Wein), wobei in niedrigeren Kategorien die Zahl der Gänge auf drei begrenzt ist.

Wichtige Abkürzungen

av.	Avenue	**FF**	Französische Francs
bd.	Boulevard	**St**	Saint
pl.	Place	**Ste**	Sainte

Berghöhen Einsamkeit und Ruhe suchen. Denn hier kann man noch stunden- oder gar tagelang wandern, ohne einem Menschen zu begegnen. Er kann aber auch wie viele andere im Kanu auf dem Tarn paddeln oder die Panoramastraße Corniche des Cévennes im Auto befahren. Mit der Hotellerie und Gastronomie kleiner Städte wie Alès, Florac, Mende und Quartieren in Bergdörfern und Bauernhöfen sind die Cevennen indes für einen Tourismus gerüstet, der im besten Sinn »grün« ist.

ALÈS

(111/D5) Der erste Eindruck der Stadt (41 000 Ew.) am Fuß der Cevennen ist nicht gerade einladend: Man meint, in einem Arbeitervorort anzukommen. Doch hinter den tristen Reihen ehemaliger Arbeiterwohnhäuser am Fluß Gardon liegen ein ansprechender Stadtkern und belebte Avenuen. Die Zeit, als hier Kohle abgebaut wurde und die Eisen-, Glas- und Maschinenindustrie blühte, ist vorbei. Alès entwickelt sich mehr und mehr zu einer tou-

MARCO POLO TIPS FÜR DIE CEVENNEN

1 Exotische Gewächse
Der Bambus wächst in der Bambouseraie de Prafrance bis zu 35 m hoch (Seite 32)

2 Zauberhafter Tropfstein
In der Grotte des Demoiselles, der Grotte der Feen, thront *La Vierge* (Seite 33)

3 Hochburg der Protestanten
Im Mas Soubeyran, heute Museum, lebte ein Anführer der aufständischen Kamisarden (Seite 33)

4 In den Gorges du Tarn
Vom Point Sublime aus präsentiert sich der Canyon von seiner Schokoladenseite (Seite 36)

5 Wanderlust
Überall in den Cevennen locken Wanderpfade; besonders schöne erschließen den wilden Mont Lozère (Seite 36)

6 Lebendiges Handwerk
Die Kunst, nach Altväterart zu werkeln, haben die *artisans* des Lozère nicht verlernt (Seite 37)

7 Besuch bei den Wölfen
Zumindest im Parc à Loups du Gévaudan können sich 120 Wölfe frei bewegen (Seite 39)

8 Steinerner Urwald
In der Aven Armand haben die Jahrmillionen Wunder vollbracht (Seite 40)

9 Eine verfluchte Stadt
Der Chaos de Montpellier-le-Vieux war lange Zeit ein gemiedener Ort (Seite 41)

10 Im Reich der Geier
Frei wie seit Urzeiten kreisen die Vögel wieder über den Gorges de la Jonte und dem Causse Méjean (Seite 41)

CEVENNEN

ristischen Drehscheibe und zum Einfallstor für die Entdeckung der Cevennen von Süden her.

BESICHTIGUNGEN

Cathédrale St-Jean

Von dem ersten, romanischen Bau ist nur die Westfassade erhalten. An das gotische Schiff schließt sich der Renaissance-Chor an, der im 18. Jh. restauriert wurde. Besondere Beachtung verdienen im Innern das schöne Chorgestühl, der bilderreiche Hauptaltar und das Taufbecken mit einem Gemälde, das die Taufe Jesu darstellt.

Fort Vauban

Das Fort auf einem Hügel über der Altstadt wurde 1688 an der Stelle des von Richelieu geschleiften Château des Barons erbaut. Man kann es nicht besichtigen, aber bei einem Bummel durch die öffentlichen Gartenanlagen die Terrassen, mit Blick auf Alès, und den Hof betreten. *Jardins Les Bousquet.*

MUSEEN

Musée Bibliothèque Pierre-André-Benoît

Beeindruckend ist die Sammlung des Stifters Pierre-André Benoît (1921–1993) seines Zeichens Maler, Dichter, Bildhauer und Drucker. Sie umfaßt Werke von Braque, Picasso, Miró und anderen Künstlern. Dazu auch noch ein schöner Rahmen: das Schloß der Bischöfe von Alès und der Park, in dem Werke von Alechinsky stehen. *52, montée des Lauriers, im Stadtteil Rochebelle, Juli, Aug. tgl. 12–19 Uhr, sonst Mi-So 12–19 Uhr*

Musée du Colombier

In einem hübschen, kleinen Schloß des 18. Jhs., in einem öffentlichen Park, ist das Museum mit archäologischen Funden und Sammlungen zur Geschichte der Region sowie Gemälden vom 16. bis 20. Jh. untergebracht. *Av. de Lattre-de-Tassigny, tgl. außer Di 10 bis 12 und 14–17 Uhr*

RESTAURANTS

Auberge de St-Hilaire

Schön sitzt man auf der Terrasse dieser großen, gutgeführten Auberge und genießt die gute Küche von Alain Reymond. *Route de Nîmes (4 km), Tel. 04 66 30 11 42, Kategorie 2*

Le Coq Hardi

Hier wird man nicht enttäuscht. Man ißt gut und preiswert; und warum nicht mal das Menu cévenol probieren? *7, rue Mandajors, Tel. 04 66 52 15 75, Kategorie 3*

HOTELS

Céven Hôtel

Zentral gelegenes, modernes Hotel mit jedem Komfort, Bar und Restaurant. *75 Zi., 18, rue Edgar Quinet, Tel. 04 66 52 27 07, Fax 04 66 52 36 33, Kategorie 2*

Durand

Eine sympathische Adresse; klein und einfach, aber mit ordentlichen Zimmern (Dusche/WC). *16 Zi., 3, bd. Anatole-France, Tel. 04 66 86 28 94, kein Fax, Kategorie 3*

AUSKUNFT

Office de Tourisme

30100 Alès, Pl. Gabriel-Péri, Tel. 04 66 52 32 15, Fax 04 66 30 15 90

ZIELE IN DER UMGEBUNG

Anduze (111/D5)
Die Häuser des stimmungsvollen, alten Städtchens (3000 Ew.) drängen sich im Tal des Gardon aneinander, bei einer Klamm, der Porte des Cévennes. Die strategisch vorteilhafte Lage bewog 1622 den Anführer der Protestanten, den Duc de Rohan, Anduze zum Hauptquartier zu machen und zu befestigen. Heute empfiehlt sich das Städtchen als Ausgangspunkt für Wanderungen in der Umgebung. Dabei hat man die Wahl zwischen mehr als einem Dutzend markierter Wege. Beim Bummel durch die engen Gassen stößt man auf einen kuriosen Pagodenbrunnen, dessen farbige Keramikziegel 1649 geschaffen wurden. Die Tour d'Horloge stammt aus dem Jahre 1320, sie war Teil der Stadtbefestigung. In der Nähe steht der Temple Protestant von 1823; er gilt als der größte seiner Art in Frankreich. Hotel-Restaurant: *La Regalière, 12 Zi., 1435, route de St-Jean-du-Gard, Tel. 04 66 61 81 93, Fax 04 66 61 85 94, Kategorie 2–3.* 13 km südwestlich von Alès

Aven des Lauriers (110/C6)
Diese Grotte bei dem Dorf Laroque und nahe der Grotte des Demoiselles wurde erst 1991 zugänglich gemacht. Beim Eintritt kommt man zuerst zu einem kleinen grünen See, dann zu den mit faszinierender Vielfalt der Kalkablagerungen »geschmückten« Galerien und Sälen. *Ostern bis Nov. 10–18 Uhr, Juli, Aug. 10–19 Uhr, sonst nur am Wochenende.* 57 km südwestlich von Alès

Bambouseraie de Prafrance (111/D5)
★ Ein Bambuswald in den Cevennen? Kaum zu glauben, aber wahr. Auf einer Fläche von 12 ha wandelt man zwischen den bis zu 35 m hohen Stangen des Phyllostachus pubescens, der größten unter den rund hundert hier wachsenden Bambusarten. Aus diesem Bambusdschungel holt jede Woche ein Lastwagen frische Blätter, die im Berliner Zoo an ein Pandapärchen verfüttert werden! Entstanden ist die Bambouseraie 1855. Damals brachte der Kaufmann und Asienreisende Eugène Mazel die ersten Pflanzen mit, die von dem vorteilhaften Mikroklima und dem reichlich vorhandenen Grundwasser profitierten. Im Laufe der Zeit wurde das Areal bis auf 40 ha erweitert, hier wachsen u.a.

In der Bambouseraie de Prafrance

CEVENNEN

Sequoias aus Kalifornien, Magnolien, Palmen, der »ginkgo biloba«, Bananenstauden. Es gibt ein *village asiatique* mit laotischen Hütten und ein *village musical,* komplett aus Bambus erbaut. *Tgl. 1. April–26. Sept. 9.30–19 Uhr, im März 9.30–18 Uhr.* 2 km nördlich von Anduze

Gorges de l'Ardèche   (111/E4)
Zählt nach den Gorges du Tarn und den Gorges du Verdon zu den besonders imposanten Canyons Frankreichs. Spektakulär ist die Haute Corniche auf einer Länge von mehr als 47 km zwischen Vallon-Pont-d'Arc und Pont-St-Esprit. Im Sommer tummeln sich hier Scharen von Badenden, der Fluß wird von zahllosen Kajaks und Kanus befahren. Die Ardèche entspringt in 1467 m Höhe im Massif Central und mündet nach 119 km bei Orange in die Rhône. 50 km nordöstlich von Alès

Grotte des Demoiselles   (110/C6)
★ Die Stalagmiten und Stalaktiten der 1770 entdeckten Grotte tragen zu Recht Namen wie »Vierge à l'enfant«, »Méduses« oder »Buffet d'orgues«. Diese Meisterstücke der Natur sind in einer wahren unterirdischen Kathedrale von 150 m Länge, 80 m Breite und 50 m Höhe zu bewundern. Eine Seilbahn führt in die Unterwelt, in der stets 14 Grad herrschen. *Tgl. 1. April bis 30. Sept. 9–12 und 14–19 Uhr, sonst 9.30–12 und 14–17 Uhr.* 60 km südwestlich von Alès

Grotte de Trabuc   (111/D5)
Derzeit sind 12 km unterirdische Galerien in dieser größten Grotte der Cevennen erforscht. Man nennt sie auch »Grotte aux 100 000 soldats«. Die Soldaten sind dicht an dicht stehende, nur wenige Zentimeter hohe Stalagmiten beiderseits einer Formation, die man als »Große Chinesische Mauer« bezeichnet hat. Eine wissenschaftliche Erklärung für dieses Naturphänomen konnte bisher nicht gefunden werden. Sehr selten sind auch die Kristalle schwarzer Aragoniten. *Tgl. 1. Juli bis 15. Sept. 9.30–18 Uhr.* 15 km westlich von Alès

Mas Soubeyran   (111/D5)
★ Die Verfolgung der Protestanten (Hugenotten) unter Ludwig XIV. traf besonders die als Ketzer gebrandmarkten Bewohner der Cevennen. Im Weiler Mas Soubeyran ist das *Musée du Désert* diesem tragischen Kapitel der französischen Geschichte gewidmet, das auch den Kamisardenaufstand einbezieht. In der *Maison de Roland,* benannt nach einem Anführer der Kamisarden, kann man anhand zahlreicher Dokumente und Schaustücke nacherleben, mit welchen grausamen Methoden der Staat die Andersgläubigen strafte. *Tgl. 1. Juli bis Anf. Sept. 9.30–18.30 Uhr, 1. März bis 30. Juni und Anf. Sept.–30. Nov. 9.30–12 und 14.30–18 Uhr.* 8 km nördlich von Alès

Saint-Jean du Gard   (110/C5)
Am Endpunkt der Corniche des Cévennes liegt das schon südlich wirkende Städtchen (2400 Ew.). Hier lohnt sich besonders der Besuch des *Musée des Vallées Cévennoles.* Anschaulich wird über Alltag und Traditionen der Cevennenbewohner informiert, mit den Schwerpunkten Nutzung der Eßkastanie *(châtaigne),*

Seidenraupenzucht und Seidenspinnerei, die ab 1709 bis ins 19. Jh. wichtigster Erwerbszweig war. *Juli, Aug. tgl. 10.30–19 Uhr, Mai, Juni, Sept. tgl. außer Di und Sa 10.30–12.30 und 14–19 Uhr.* 27 km westlich von Alès

FLORAC

(110/B4) Am Sonnabendvormittag geht's lebhaft zu in der kleinen, friedlichen Stadt (2100 Ew.), wenn auf der Esplanade und der Place du Souvenir im Zentrum Markt abgehalten wird und Händler und Produzenten der Umgebung ihre Waren anbieten. Florac liegt günstig im Herzen der Cevennen, zwischen Languedoc und Massif Central, zwischen dem Weinland und dem Kastanienland. Vor der Tür hat man die Naturwunder Gorges du Tarn und Mont Lozère sowie die von Menschenhand geschaffene Corniche des Cévennes. Diese Lage gab den Ausschlag dafür, daß man Florac zum Verwaltungssitz des Parc National des Cévennes machte. Im Informationszentrum wird man beraten und mit Unterlagen versorgt, wenn man im Nationalpark wandern will.

BESICHTIGUNGEN

Château

Der heutige Bau mit seinen beiden Rundtürmen stammt von 1662. Bereits im 13. Jh. stand hier eine Burg der Baronnie Florac. Die Nachfolgebauten wurden unterschiedlich genutzt: als Ritterburg, als Salzlager oder Gefängnis. Jetzt Sitz der Verwaltung des Parc National des Cévennes mit Informationszentrum und interessanter Ausstellung über Architektur und Landschaft der Cevennen. *Tgl. im Sommer 9–19 Uhr, Vor- und Nachsaison 9–12.30 und 14–18.30 Uhr.*

Couvent de la Présentation

Bei der Kirche von 1830 steht die ehemalige *commanderie* der Tempelritter mit Fassade und monumentalem Portal aus dem 16. Jh.

RESTAURANT

Grand Hôtel du Parc

Keine große Auswahl in Florac, doch hier wird man ausgezeichnet bedient. Gepflegte Küche, ein besonderer Tip: das Menü unter 100 F. Schön sitzt man auf der Terrasse. *47, av. Jean-Monestier, Tel. 04 66 45 03 05, Kategorie 2–3*

HOTEL

Chez Bruno

Zentral gelegen und preiswert. Einfache Zimmer, die Küche ist schlicht-ländlich. *12 Zi., 21, l'Esplanade, Tel. 04 66 45 11 19, Fax 04 66 45 06 65, Kategorie 3*

AUSKUNFT

Office du Tourisme

Av. Jean-Monestier, 48400 Florac, Tel. 04 66 45 01 14, Fax 04 66 45 25 80

ZIELE IN DER UMGEBUNG

Causse Méjean   **(110/B4)**

Westlich direkt aus Florac heraus erklettert die D 16 das Hochplateau Causse Méjean. Die Straße ist schmal und schwierig zu befahren, aber auf der Hochfläche öffnet sich die überwältigende Weite des fast baum- und

CEVENNEN

Von der Corniche des Cévennes bieten sich phantastische Fernblicke

strauchlosen Causse. Die D 16 führt quer über die Hochfläche bis Les Vignes, wo sie sich in die Gorges du Tarn hinunterschlängelt. Man ist hier tausend Meter über dem Meer, das Klima ist entsprechend: im Sommer sengend heiß, im Winter sehr kalt und schneereich. Man sieht große Schafherden; auch für die in jüngerer Zeit ausgesetzten, urigen Przewalski-Pferde ist das Klima nicht zu hart.

**Corniche
des Cévennes** (110/B-C 4-5)
Die Fahrt auf der Corniche des Cévennes ist ein absolutes Muß, wenn man den Nordteil des Languedoc-Roussillon erkundet. Auf den 53 km von Florac nach St-Jean-du-Gard erlebt man die Cevennen – zumindest als Autofahrer – am intensivsten. Die Höhenstraße wurde zu Beginn des 18. Jhs. auf Befehl Ludwigs XIV. angelegt, um seinen Truppen Zugang zum Gebiet der aufständischen Kamisarden zu ermöglichen. Im ersten Ort auf der Strecke, St-Laurent-de-Trèves, wurden 190 Millionen Jahre alte Spuren von Dinosauriern gefunden. Über das Leben der Urtiere informiert ein *spectacle audiovisuel* in der alten Kirche *(Juli, Aug. tgl. 10–19 Uhr, Vor- und Nachsaison tgl. außer Di 10–12 und 14 bis 18 Uhr)*. Die Straße führt hoch nach L'Hospitalet (992 m), hier beginnen die kargen, versteppten Höhen, wo sich im 18. Jh. die Kamisarden versammelten. 3 km weiter kommt der ✣ *Col des Faïsses* (1026 m), von dem sich ein herrlicher Blick auf den Mont Lozère im Norden und den Mont Aigoual im Süden bietet. Beim Dorf Le Pompidou verläuft die Trennlinie zwischen Kalkstein und Schiefer, die Höhenstraße verläuft durch Kastanien-

wälder. Nach dem hübschen Dörfchen *St-Roman-de-Tousque* folgen der *Col d'Exil* (704 m) und der ❋ *Col de St-Pierre* (597 m), von dem man eine großartige Aussicht hat; nach 9 km Abstieg erreicht man St-Jean-du-Gard.

Gorges du Tarn (110 / A–B 4–5)
★ Die Fahrt durch die Gorges du Tarn, ob von Florac nach Millau oder umgekehrt, macht mit einem der großen Naturwunder Frankreichs bekannt. 400 bis 500 m tief hat sich der Fluß in den weichen Kalkstein der Cevennen gegraben und phantastische Formen aus dem Fels modelliert. Seit Beginn des Jahrhunderts windet sich eine Straße am Tarn entlang, immer hart an der steilen Felswand, des öfteren durch Tunnel und unter Felsbögen hindurch. Dabei sieht man zuweilen am anderen Ufer verwitterte Häuser mit Schindeldächern, eng aneinander gedrängt, zu denen man nur mit dem Kahn gelangt. Die Gorges beginnen bei Ispagnac, 9 km von Florac. Das Städtchen Sainte-Enimie (27 km) hat seinen Namen der Legende nach von einer schönen Prinzessin, die Heilung von der Lepra in der Source de la Burle fand und eine Kapelle in der Grotte bauen ließ (eine halbe Stunde zu Fuß westlich des Ortes). Der wohl schönste Abschnitt der Gorges liegt zwischen La Malène und Les Vignes, mit dem *Cirque des Baumes,* einer Flußschleife, die man am besten vom *Point Sublime* (Anfahrt bei Les Vignes) sieht. Der Ort *La Malène* mit seinen alten Häusern und Gassen hat ein schönes Hotel: *Manoir de Montesquiou,* ein Schlößchen aus dem 15. Jh.

(12 Zi., Tel. 04 66 48 51 12, Fax 04 66 48 50 47, Kategorie 1–2). Die Strecke Florac–Millau (83 km) ist im Juli, August sehr stark befahren. Wer eine Unterkunft sucht, sollte es in den umliegenden Gebieten des Causse Méjean und des Causse de Sauveterre versuchen, wo man im Umkreis von 10–15 km ein Zimmer findet.

Mont Lozère (110 / C 3)
★ Von Le-Pont-de-Montvert führt die D 20 zum Col de Finiels (1541 m) und auf das weitgestreckte, 35 km breite Granitmassiv. Höchster Punkt ist der Gipfel des Finiels (1699 m). Der Mont Lozère ist ein ideales Wandergebiet mit zahlreichen markierten Pfaden. Von Châlet du Mont Lozère, mit Hotel und Informationszentrum des Parc National des Cévennes, führt ein Wanderweg auf den Gipfel (hin und zurück rund 3 Std.). *27 km nordöstlich von Florac*

MENDE

(110/B3) Der Weg nach Mende lohnt sich: Das sympathische Städtchen (11 000 Ew.) liegt soweit abseits der Touristenströme, daß es sich seinen Charme unverfälscht erhalten konnte: alte Häuser mit Schieferdächern und Gassen mit Kopfsteinpflaster. In der von Boulevards ringförmig eingeschlossenen Altstadt mit der stattlichen Kathedrale glaubt man sich in ein Landstädtchen des 19. Jhs. versetzt. Der junge Lot, der dreißig Kilometer östlich in der Montagne du Goulet entspringt, fließt unter dem alten Pont Notre-Dame hindurch; abrupt ragt dahinter die Felswand des Causse de Mende auf. Mende

CEVENNEN

ist Hauptort des am dünnsten besiedelten Departements Frankreichs. Mit dem Parc National des Cévennes, dem Causse de Sauveterre und dem Mont Aubrac bietet es Freiräume wie sonst nirgendwo in Mitteleuropa.

BESICHTIGUNGEN

Cathédrale
Papst Urban V., ein Sohn des Lozère, ließ den prächtigen, die Stadt beherrschenden Bau um 1369 beginnen. Seine Statue steht vor der Kathedrale. 1579 ließ ein gewisser Capitain Merle, Anführer der Protestanten, nach der Einnahme von Mende die Pfeiler der Kathedrale sprengen; nur der Glockenturm blieb stehen. 1599 bis 1620 wurde die Kirche originalgetreu wiederaufgebaut. Von dem höheren der beiden ⚜ Türme (84 m) schöner Blick über Mende.

Pont Notre-Dame
Die schön-geschwungene Steinbrücke stammt aus dem 12. Jh. Sie widerstand allen reißenden Hochwassern des Lot.

Tour de Pénitents
Der Turm der Büßer (12. Jh.) ist als einziger von 24 mittelalterlichen Stadtwällen übriggeblieben. *Place au Blé, neben der Markthalle*

MUSEUM

Musée Ignon Fabre
In einem schönen Stadtpalais des 17. Jhs. sind geologische, archäologische und folkloristische Sammlungen des Lozère untergebracht, darunter ein Schatz aus der Bronzezeit, gefunden in Carnac, auf dem Causse Méjean,

und gallo-romanische Keramiken aus Banassac. *3, rue de l'Épine, tgl. außer Mo 9–17.30, Sa und So bis 17 Uhr*

RESTAURANT

Lion d'Or
Unter den Linden auf der Gartenterrasse läßt sich's wohl sein. Die Produkte der Region sind nach Rezepten des Lozère liebevoll zubereitet. *12–14, bd. Britexte, Tel. 04 66 49 16 46, Kategorie 1–2*

EINKAUFEN

Coopérative des Artisans de Lozère
★ Beeindruckend ist die Vielfalt des immer noch am Leben erhaltenen Handwerks im Lozère; rund 150 *artisans* stellen hier ihre Produkte aus, von Schmiedeeisen über Möbel und Keramiken bis hin zu Puppen. *4, rue de l'Ange, tgl. außer So 9–12 und 14–19 Uhr*

HOTELS

France
Zentral, aber ruhig gelegen, in einem schönen alten Haus. Nett eingerichtete, komfortable Zimmer. Zum Hotel gehört ein gemütliches Restaurant mit guter, einfacher Küche. *28 Zi., 9, bd. Lucien-Arnault, Tel. 04 66 65 00 04, Fax 04 66 49 30 47, Kategorie 2–3*

Hotel du Pont Roupt
Etwas außerhalb der Stadt am Lotufer gelegen, ist dies die richtige Adresse für ein paar erholsame Tage. Komfortable Zimmer, beheizter Pool, Restaurant. *25 Zi., 2, av. du 11-Novembre, Tel. 04 66 65 01 43, Fax 04 66 65 22 96, Kategorie 2*

AUSKUNFT

Office de Tourisme
14, bd. Henri-Bourrillon, 48000 Mende, Tel. u. Fax 04 66 65 02 69

ZIELE IN DER UMGEBUNG

Causse de Sauveterre (110/A–B3–4)
Unter den Grands Causses ist der Causse de Sauveterre der abwechslungsreichste. Auch hier ist der Horizont endlos weit, aber im westlichen Teil wird die steppenartige Landschaft hügeliger und grüner. Im Norden begrenzt der Lot, im Osten der Tarn den Causse de Sauveterre. Das Dorf Sauveterre an der D 986 besteht aus den typischen Steinhäusern der Causses; die Dächer sind mit Schieferplatten gedeckt. An der D 988 zwischen Ste-Enimie und La Canourgue liegt der *Sabot de Malepeyre,* ein dreißig Meter hoher Fels mit einem Brückenbogen, den einst das Wasser auswusch.

Le Malzieu (110/B1)
Das befestigte Dorf (950 Ew.) mit schönen Häusern des 15. und 16. Jhs. zählte im Mittelalter bis zu zweitausend Einwohner. Reste der acht bis zehn Meter hohen Wälle sind erhalten, wie auch die Granitpforten in den Gäßchen. Die romanische Kirche besitzt eine schöne, geschnitzte Christusfigur (13. Jh.). Die ehemalige Büßer-Kapelle beherbergt die Mairie und eine kleine Ausstellung über die sagenhafte Bestie von Gévaudan (La Bête du Gévaudan). Le Malzieu ist ein beliebter Ausgangspunkt für Wanderungen und Ausflüge in die Haute-Margeride. 60 km nördlich von Mende

Marvejols (110/B3)
Hinter den Wehrtoren (14. Jh.) des im hübschen Tal der Colagne gelegenen Städtchens, 29 km westlich von Mende, leben 5500 Ew. Der Spaziergang durch die Altstadt beginnt bei der Porte du

---

La Bête du Gévaudan

Eine Fabelgestalt verbreitete im 18. Jh. Angst und Schrecken in den Cevennen: la Bête du Gévaudan. Das haarige, wolfsähnliche Ungeheuer spukt immer noch, heute auch im Dienst des Tourismus als Plakat- und Postkartenillustration. Letztendlich steht man vor einem Rätsel. Sicher ist nur, daß die Gegend von Gévaudan zwischen 1764 und 1767 von einem blutrünstigen Ungeheuer heimgesucht wurde, das Kinder, Frauen und Männer überfiel und rund 50 Menschen getötet haben soll. Die Angst in der Bevölkerung war so groß, daß König Ludwig XV. seinen besten Jäger in die Cevennen schickte, um das Monster unschädlich zu machen. Der Jäger präsentierte einige Zeit später einen großen Wolf und erhielt für seine Tat 10 000 livres. Aber das Morden im Gévaudan ging weiter. Erst als der Bauer Jean Chastel am 19. Juni 1767 mit geweihten Kugeln loszieht – und einen Wolf erlegt – hört der Schrecken auf. Daß damit der wahre Übeltäter zur Strecke gebracht worden war, erscheint Kennern der Wolfsnatur allerdings unwahrscheinlich.

CEVENNEN

Soubeyran an dem gleichnamigen Platz, wo auch das Touristenbüro liegt. Über den Boulevard Réverend-Père-de-Jabrun kommen wir zur Kirche Notre-Dame-de-la-Carce (17. Jh). Südlich davon liegt die Porte de Chanelles. Empfehlenswert ist ein Abstecher zum rund 25 km nördlich an der D 73 in einem großen Park gelegenen *Château de la Baume* von 1630, das auch als »le Versailles du Gévaudan« bezeichnet wird. Prächtige Innenausstattung. *Tgl. 15. Juni–15. Sept. 10–12 und 14–18 Uhr.*

Parc des Bisons de la Margeride (110/B2)

Aus Polen kamen die 25 Wisente, die hier seit 1991 auf 170 ha wild leben. Das Klima scheint für sie ideal zu sein: strenge Winter und nicht zu heiße Sommer. Am Eingang zum Reservat wird in der *Maison du Bison* höchst lehrreich über das Urrind informiert. Außer zu Fuß kann man die Wisente auch mit der Kutsche besuchen. Das Reservat liegt bei Ste-Eulalie, rund 40 km nördlich von Mende. – *Tgl. Sommer 10–18 Uhr, sonst 10–12 und 14–17.30 Uhr.*

Parc à Loups du Gévaudan (110/B3)

★ Im 1100 m hoch gelegenen Waldgebiet von Gévaudan leben in großem Freigehege rund 120 Wölfe aus Europa, Kanada und der Mongolei. Im Gebäude beim Eingang, mit Restaurant und Bar, befindet sich auch eine kleine Maison du Loup. Um im Sommer Wölfe zu Gesicht zu bekommen, sollte man eine Führung mitmachen. *Tgl. 1. Mai–Mitte Sept. 10 bis 18 Uhr, sonst 10–17 Uhr.* 9 km nördlich von Marvejols

MEYRUEIS

(110/B5) Es hat sich herumgesprochen: Das mittelalterliche Städtchen (900 Ew.) liegt so günstig am Fuß der endlos weiten Causse Noir, Causse Méjean und dem grünen Massiv des Mont Aigoual, und ist selbst so sympathisch, daß man hier gern Station macht. Seine Lage in 706 m Höhe am Eingang des Canyon de la Jonte ist hinreißend und die Luft kurortgeeignet. Wer eine Unterkunft sucht, hat die Wahl zwischen verschiedenen Quartieren, vom Châteauhotel bis zur Gîte, und zwischen mehreren Campingplätzen.

HOTELS – RESTAURANTS

Die Hotels haben fast alle gute Restaurants in verschiedenen Preislagen.

Château d'Ayres

Die Nobelherberge in einem herrlichen Park mit riesigen Sequoias und alten Eichen ist die beste Adresse weit und breit. Ein im 18. Jh. rekonstruierter Adelssitz wurde mit allem Luxus ausgestattet. Prächtige Zimmer, Swimmingpool, Jacuzzi, Tennisplatz. Auch die Küche wird höchsten Ansprüchen gerecht. *27 Zi., 1 km von Meyrueis, route d'Ayres, Tel. 04 66 45 60 10, Fax 04 66 45 62 26, Kategorie L–1*

Le Mont Aigoual

Familienhotel mit gut eingerichteten Zimmern und Swimmingpool. Nettes Restaurant mit regionaler Küche und Terrasse. *30 Zi., quai de la Barrière, Tel. 04 66 45 65 61, Fax 04 66 45 64 25, Kategorie 2–3*

AUSKUNFT

Office de Tourisme
Tour d'Horloge, 48150 Meyrueis, Tel. 04 66 45 60 33, Fax 04 66 45 67 36

ZIELE IN DER UMGEBUNG

Abîme de Bramabiau (110/B5)
Das unterirdisch durch den Kalkfels des Causse de Camprieu strömende Flüßchen Bonheur hat ein weitverzweigtes Labyrinth von Galerien, Höhlen und Sälen ausgewaschen. Die Stelle, wo es wieder in einem schönen Wasserfall zutage tritt, heißt l'Alcôve. Bei starken Regenfällen, wenn der Strom mächtig anschwillt, erzeugt das hervorschießende Wasser ein Geräusch, das man mit dem Brüllen eines Ochsen verglichen hat (*un bœuf qui brame*, auf patois *brame biou;* daher der Name Bramabiau). Bei dem Wasserfall betritt man die Unterwelt. Die Temperatur dort unten beträgt nur 8 Grad Celsius, man nehme also warme Sachen mit. *Führungen tgl. 15. Juni–15. Sept. 9–19 Uhr, April bis 15. Juni 9–17 Uhr, sonst 10 bis 17 Uhr.* 20 km südöstlich von Meyrueis

Aven Armand (110/B4)
★ Zählt zu den schönsten bekannten Tropfsteinhöhlen. Sie wurde nach Louis Armand benannt, der sie 1897 entdeckte. Mit der Zahnradbahn fährt man

Der Wasserfall markiert den Eingang in die Unterwelt: Abîme de Bramabiau

CEVENNEN

heute direkt in den großen Saal des »fôret vierge« (60 m breit, 100 m lang, 45 m hoch) mit seiner phantastischen Formenvielfalt von rund 400 Stalagmiten. Die steinernen »Bäume« in der Halle erreichen eine Höhe bis zu 25 m. Eine raffinierte Beleuchtung rückt die Naturwunder ins rechte Licht. *Tgl. im Sommer 9 bis 19 Uhr, Apr. u. Mai 9–12 und 13.30 bis 18 Uhr, Sept., Okt. bis 17.30 Uhr.* 11 km nordwestlich von Meyrneis

Causse Noir　　　　(110/A–B5)

Die Gorges de la Jonte und der Canyon de la Dourbie begrenzen den Causse, der seinen Namen von den dunklen Pinienwäldern hat. Eine Besonderheit sind die großartigen Felslabyrinthe, wie der ★ *Chaos de Montpellier-le-Vieux* am Westrand des Causse. Der Regen hat hier aus dem Dolomit eine regelrechte Festung gewaschen, die von den Einheimischen einst als »verfluchte Stadt« angesehen wurde. Man kann das ausgedehnte Gelände mit seinen Attraktionen zu Fuß oder bequemer mit einem »Petit Train Vert« besichtigen. *Tgl. Mitte März–Mitte Sept. 9.30–18 Uhr.*

Gorges de la Jonte　(110/A–B 4–5)

★ Wenn man die berühmteren Gorges du Tarn ausläßt, hat man mit diesem Canyon mehr als nur einen zweitrangigen Ersatz. Auf den 21 km zwischen Meyrueis und Le Rozier liegen schöne Haltepunkte. Bei dem Weiler Le Truel windet sich rechts die Corniche du Causse Méjean auf die Hochfläche, eine Strecke, die es an landschaftlicher Schönheit durchaus mit Abschnitten der weit berühmteren Corniche des Cévennes aufnehmen kann. ❧ *Les Terrasses du Truel* (Eintritt) sind bekannt für die Geier, die in diesem Teil der Cevennen ausgesetzt wurden und inzwischen rund 120 Exemplare zählen. Ein großes Erlebnis, sie am Himmel über Canyon und Causse schweben zu sehen. Wenn man Glück hat, kann man sogar einen der Königsadler erspähen, die ebenfalls wieder eingeführt wurden.

Grotte de Dargilan　(110/A4–5)

Die Grotte wurde 1888 erforscht und bereits kurz darauf zur Besichtigung freigegeben. Im Reich der Grotten ist sie eine der schönsten. Sie wurde von einem unterirdischen Fluß gebildet, der eine Reihe großartiger Säle und Galerien aus dem Fels gewaschen hat. *Tgl. Juli, Aug. 9–19 Uhr, Vor- und Nachsaison 9–12 und 14–18 Uhr, Okt 10–12 und 14–17 Uhr.* 9 km westlich von Meyrueis

Mont Aigoual　　　　(110/B5)

❧ Der Aussichtsplatz par excellence in den Cevennen: Vom 1565 m hohen Gipfel reicht der Blick bei klarem Wetter bis zum Mittelmeer und zu den Alpen. Die 1887 errichtete Wetterstation steht hier oben an einem idealen Platz, denn das Massif des Mont Aigoual bildet die Wasserscheide zwischen ozeanischen und mediterranen Wettereinflüssen. Verschiedene Rund- und Wanderwege erschließen eine großartige Natur, zum Beispiel der Sentier des Botanistes unterhalb des Gipfels, der auf 1 km Länge angelegt wurde. *Besichtigung der Wetterstation mit Exposition Météo-France tgl. 1. Juli bis Ende Sept. 10–19 Uhr.* 27 km südöstlich von Meyrueis

LANGUEDOC

Altes Kulturland

Weinberge und 2000 Jahre Zivilisation zwischen Nîmes, Montpellier, Narbonne und Carcassonne

Das Languedoc hat historisch gesehen keine fest umrissenen Grenzen. Als Land des Oc, der alten okzitanischen Sprache, erstreckt es sich vom Rhônetal bis zur Garonne bei Toulouse. Hier liegen die alten Städte Nîmes, Montpellier, Béziers und Carcassonne. Die Hauptschlagader des modernen Verkehrs, die Autobahn La Languedocienne, folgt entlang der Küste der über zweitausendjährigen römischen Via Domitia, die das Reich mit der Iberischen Halbinsel verband. Damals reihten sich Militär- und Handelsstützpunkte an der Straße aneinander – heute werden die Urlauberströme in die neugeschaffenen Sonnenplätze an der Küste geleitet. Mit La Grande-Motte, dem Paradebeispiel einer futuristischen Ferienstadt am Meer, und den anderen Badeplätzen aus der Retorte bis nahe an die spanische Grenze, wurde dieser Küstenstrich mit seinen kilometerlangen Sandstränden dem Massentourismus erschlossen. Das ist die eine Möglichkeit, im Languedoc Ferien zu machen. Die schönsten Entdeckungen macht man indes im Hinterland, mit den Dörfern der Garrigue bei Nîmes, im Parc Naturel Régional du Haut-Languedoc mit seinen Bergen und Schluchten nördlich von Béziers und der Montagne Noire bei Carcassonne.

AIGUES-MORTES

(115/D4) Die Stadt (5000 Ew.) der »toten Wasser« liegt als überdimensionales, mittelalterliches Fort in der flachen Küstenlandschaft mit ihren Küstenseen *(étangs),* Sümpfen und Salinen. Das Mauerviereck von 550 mal 300 Metern, befestigt mit 14 Türmen, ist mit schachbrettartig angelegten Straßen und dichten Häuserreihen gefüllt, so wie es ab 1240 von König Ludwig IX., dem »Heiligen«, geplant und als Basis der Kreuzzüge gebaut wurde. Der größte Turm, die Tour Constance, war der erste Bau, begonnen 1240. Berühmt und berüchtigt ist er als Gefängnis. Im Laufe der Jahrhunderte schmachteten in den sechs Meter dicken Mauern Templer, Hugenotten und politische Gefangene, wie die Protestantin Marie Durand, die 37 Jahre lang eingekerkert war und berühmt wurde für ihren moralischen Widerstand. Vom

Vor dem Theater von Montpellier steht die Fontaine des Trois Grâces aus dem Jahre 1776

vierig Meter hohen 🌸 Turm hat man einen hinreißenden Blick auf die Stadt und in die Umgebung mit den Pyramidenbauten von La Grande-Motte, den Salinen und den spiegelnden Wasserflächen der Camargue. – Sechs Kilometer südwestlich liegt der Badeort Le Grau-du-Roi, daneben der 1969 gebaute Port-Camargue, der größte Yachthafen Europas mit mehr als 4300 Liegeplätzen und auf künstlichen Inseln errichteten Ferienhäusern. – Restaurant: *Les Enganettes, 12, rue*

Marceau, Tel. 04 66 53 69 11, Kategorie 2–3; Hotel: *Saint Louis, 10, rue de l'Amiral-Coubert, 22 Zi., Tel. 04 66 53 72 68, Fax 04 66 53 75 92, Kategorie 2*

BÉZIERS

(114/A4) Die Stadt (71 000 Ew.) am Fluß Orb, den hier der Canal du Midi kreuzt, ist trotz der Nähe zur Autobahn und zur Küste (15 km) keine frequentierte touristische Etappe. Sie gilt als Hauptstadt des Languedoc-Weins und

MARCO POLO TIPS FÜR DAS LANGUEDOC

1 Zimmer im Schloß
Eine Herberge mit Seele und eigenem Wein, fast wie in alten Zeiten (Seite 50)

2 Burgen zuhauf
Nur Steinwürfe voneinander entfernt stehen die Ruinen von Lastours in der Felswildnis (Seite 50)

3 Fast so alt wie Rom
Auf dem Oppidum d'Ensérune wurden die Reste einer Stadt freigelegt (Seite 47)

4 Im Reich der Mufflons
Der Parc Naturel Régional du Haut-Languedoc lockt mit Bergseen, Wäldern und freien Höhen (Seite 47)

5 Schöpferisches Bauen
In Montpellier triumphiert mit dem Quartier Antigone der Zeitgeist (Seite 51)

6 Übernachten im Weißen Haus
Man muß kein Staatsoberhaupt sein, um in der Maison Blanche unterzukommen (Seite 53)

7 Heiliger Ort
Ein Bergdorf in herrlicher Lage, mit einem Kloster aus der Zeit Karls des Großen (Seite 55)

8 Kochen wie bei Muttern
Das alte Bistrot Chapon Fin zu Nîmes ist ein Treffpunkt der Einheimischen (Seite 59)

9 Roms Herrlichkeit
Nicht nur die Maison Carée ist einmalig, das gilt auch für die Porte d'Auguste (Seite 58)

10 Wo der heilige Ludwig nächtigte
Beim zauberhaften Städtchen Sommières versteckt sich ein Juwel: Château de Villevieille (Seite 63)

LANGUEDOC

hat nichts Neumodisches an sich. Schön auf einem Hügel über dem Orb gelegen, thront Béziers inmitten endloser Weinfelder. Der Pont Vieux und darüber die Kathedrale St-Nazaire bilden ein perfektes Postkartenmotiv, wenn man von Narbonne kommt. Mit dem Auto hat man einige Mühe, seinen Weg im Gewirr der engen Straßen zu finden. Das Zentrum bilden die schattigen Allées Paul-Riquet, benannt nach dem Erbauer des Canal du Midi, und die Place Jean-Jaurès.

BESICHTIGUNG

Allées Paul-Riquet
☼ Die Promenade im Schatten von Platanen ist 600 m lang. Am späten Nachmittag scheint sich hier halb Béziers zum Aperitif in den Terrassen-Cafés zu treffen. Am nördlichen Ende das hübsche Theater aus der Mitte des 19. Jhs. Am südlichen Ende liegt das romantische *Plateau des Poètes,* eine weitläufige Gartenanlage.

Cathédrale St-Nazaire
Der wehrhafte Bau mit seinen wuchtigen Türmen stammt aus dem 12.–14. Jh. Die schöne Fensterrose in der Westfassade mißt 10 m im Durchmesser. Das Innere hat Elemente aus verschiedenen Epochen: einen Chor mit Fresken des 14. Jhs., einen Barockaltar und eine reichverzierte Orgel des 17. Jhs. Geht man südlich um die Kathedrale herum, kommt man in den recht nüchternen gotischen Kreuzgang mit dem kleinen *Musée Lapidaire (tgl. 9–12 und 14–18 Uhr).* Von der ☙ Terrasse im Jardin des Évêques bei der Kirche hat man einen schönen Ausblick.

MUSEEN

(Für einmalig zehn Francs kann man alle Museen besuchen.)

Musée des Beaux-Arts
Untergebracht in zwei alten Bürgerhäusern, Hotel Fabrégat und Hôtel Fayet, mit bedeutenden Gemäldesammlungen. *Di–Sa 9 bis 12 und 14–18 Uhr, So 14–18 Uhr*

Musée du Biterrois
In der Kaserne St-Jacques von 1702 kommen die Sammlungen von Funden der Region aus verschiedenen Epochen ausgezeichnet zur Geltung: aus prähistorischer, griechischer, römischer und galloromanischer Zeit, darunter griechische Amphoren, Töpferwaren, Keramiken und der »Trésor de Béziers«, drei große ziselierte Silberteller aus dem 1. und 2. Jh. *April–Nov. tgl. außer Mo 10 bis 19 Uhr, sonst 9–12 und 14–18 Uhr.*

RESTAURANTS

La Cigale
☼ Gern besucht von den Einheimischen wegen seiner preiswerten, ausgezeichneten Küche. *60, allées Paul-Riquet, Tel. 04 67 28 21 56, Kategorie 2–3*

La Potinière
Eine der besten Adressen des Languedoc, ganz den Spezialitäten der Region verpflichtet. Auch preislich eine positive Überraschung. *15, rue Alfred-de-Musset, Tel. 04 67 76 35 30, Kategorie 1–2*

HOTELS

Grand Hôtel du Nord
Mitten in der Stadt, aber absolut ruhig, wenn man ein Zimmer

Béziers: Blick vom Ufer des Orb auf die Stadt mit der Kathedrale St-Nazaire

nach hinten, mit reizvollem Blick über die Dächer und die Kirche St-Jacques, nimmt. *Behindertengerecht. 40 Zi., 15, place Jean-Jaurès, Tel. 04 67 28 34 09, Fax 04 67 49 00 37, Kategorie 2*

Lux
Kein Luxus, sondern einfach und adrett, mit hübschen Zimmern. *Behindertengerecht. 20 Zi., 3, rue des Petits-Champs, Tel. 04 67 28 48 05, Fax 04 67 49 97 73, Kategorie 3*

AUSKUNFT

Office de Tourisme
27, rue du Quatre-Septembre, 34500 Béziers, Tel. 04 67 49 24 19 Fax 04 67 28 42 41

ZIELE IN DER UMGEBUNG

Abbaye de Fontcaude (114/A4)
Die einst bedeutende, 1154 gegründete Abtei wurde in den Religionskriegen zerstört. Erhalten sind Teile der Kirche, des Kreuzgangs und des Kapitelsaals. *(Führungen 1. Juni–30. Sept. 10.30 bis 12 und 15.30–19 Uhr).* 18 km nordwestlich von Béziers

Agde (114/B5)
Von der Brücke an der Einmündung des Canal du Midi in den Hérault hat man den besten Blick auf das Städtchen (17 500 Ew.). Mediterrane Helligkeit fehlt allerdings: Agde steht neben dem ehemaligen Vulkan Mont Saint-Loup (115 m), die Häuser sind aus Lavagestein erbaut. Das gilt auch für die massige vormalige Kathedrale St-Etienne (12. Jh.); die zwei bis drei Meter dicken Mauern und der 35 m hohe Glockenturm haben Verteidigungseinrichtungen. Im Innern befindet sich ein monumentaler Altaraufsatz aus dem 17. Jh. Im *Musée Agathois (tgl. 10–12 und 14–18 Uhr)* in der Altstadt vielseitige Sammlungen zu Stadtgeschichte und Seefahrt samt einer schönen Kollektion griechischer Amphoren aus dem alten Hafen. 22 km östlich von Béziers

LANGUEDOC

Cap d'Agde (114/B5)

Muß Anhängern der Freikörperkultur nicht vorgestellt oder empfohlen werden: Port Ambonne am nördlichen Ortsrand ist die europäische Metropole der »Naturisten«, und zwar überwiegend deutscher Herkunft. Der Badeort selbst hat mehr als 100 000 Betten sowie acht Yachthäfen zu bieten und befindet sich im ständigen Ausbau: ein Ferienort aus der Retorte wie die anderen großen Badeplätze an der Küste des Languedoc. Gegenpol zum FKK-Paradies ist Aqualand, dreieinhalb Hektar groß, mit Wellenbädern, künstlichem Strand, exotischer Vegetation, Snackbars, Restaurant usw. Im *Musée de l'Éphèbe* ist eine schöne griechische Statue das Prachtstück der Sammlung von Fundstücken aus dem Meer und den Küstenseen *(étangs). Tgl. außer Di und So vorm. im Sommer 9.30–13 und 15–18.30 Uhr, im Winter 9–12 und 14–18 Uhr. – Hotel: Capaô, 46 Zi., av. Corsaires, Tel. 04 67 26 99 44, Fax 04 67 26 55 41, Kategorie 1.* 25 km östlich von Béziers

Écluses de Fonséranes (114/A5)

Auf der N 113/N Richtung Narbonne kommt man nach rund 4 km zu den *Neuf Écluses,* den neun Schleusen am Canal du Midi, die als großartige, 312 m lange Treppe einen Höhenunterschied von 25 m ausgleichen. Heute ist eine parallele neuere Schleuse in Dienst.

Oppidum d'Ensérune (114/A5)

★ Die hochinteressante frühgeschichtliche Stadtanlage (ab 6. Jh. v. Chr.) liegt auf einem 120 m hohen Hügel, von dem man einen schönen Rundblick hat. Ausgrabungen brachten Grundmauern von Häusern und der Stadtmauer zutage, in einem Museum sind zahlreiche Fundstücke wie Haushaltsgeräte, Kultgegenstände, Waffen, Geld usw. zu sehen. Vermutlich wurde das Oppidum im 3. Jh. v. Chr. von Hannibal zerstört. Es wurde wieder aufgebaut, aber im 1. Jh. n. Chr. endgültig aufgegeben. Besonders reizvoll ist der Blick in die Ebene, auf den trockengelegten Étang de Montady mit seinen sternförmig angeordneten Feldern. *Tgl. Juli, Aug. 9.30-18.30 Uhr, sonst 10–12 und 14–18 Uhr, Winter bis 16 Uhr.* 12 km südwestlich von Béziers

Parc Naturel Régional du Haut-Languedoc (113/D–E1)

★ Das 1973 geschaffene Naturschutzgebiet umfaßt auf 145 000 ha die Monts de l'Espinouse, die Monts de Lacaune, einen Teil der Montagne Noire mit den Bergen Sidobre und Somail. Von Béziers führt ein schöner Ausflug in die waldreiche Bergregion, mit der größten Population von Mufflons (Wildschafen) in Europa, mit Schluchten und Bergseen. Richtung Bédarieux erreicht man über Hérépian den Thermalort Lamalou-les-Bains mit seinen Belle-Époque-Villen. Von hier kann man einen Ausflug auf den Pic de la Coquillade (696 m) machen, zum ⚜ Mont Caroux (1040 m) mit Orientierungstafel oder zum Fôret des Écrivains-Combattants, mit einem Denkmal der 560 im Ersten Weltkrieg gefallenen Schriftsteller.

Pézenas (114/B4)

Das Städtchen (7600 Ew.) trug einst den Beinamen »Versailles du Languedoc«, weil der Prinz

Conti hier ab 1660 Adelige, Künstler und Schriftsteller an seinem Hof versammelte, darunter einen gewissen Jean-Baptiste Poquelin, genannt Molière, der mit seiner Schauspieltruppe von 1650–56 hier lebte und arbeitete. Stadtpaläste wie das Hôtel de Malibran, Hôtel de Wicque, Hôtel de Lacoste oder Hôtel d'Alfonce erinnern an die Glanzzeit von Pézenas. 23 km nordwestlich von Béziers

Valras-Plage (114/A5)
Der Badeplatz und Fischerhafen 10 km südlich von Béziers an der Mündung des Orb hat einen kilometerlangen, feinen Sandstrand. Nach Nordosten, Richtung Sérignan ist er ursprünglicher, mit Dünen. Es wird fleißig gebaut, hübsch die Promenade am Meer.

CARCASSONNE

(113/D2) Die Stadt der 38 Türme hat nicht ihresgleichen. Mit heute rund 43 000 Ew. ist Carcassonne zwar wesentlich größer als je zuvor, aber immer noch beherrscht die eigentliche, mauer- und türmebewehrte mittelalterliche Cité (139 Ew.), die sich über die Ville Basse erhebt, die Stadt. Diese Cité ist ein Touristenmagnet ersten Ranges: Ein doppelter Mauerkranz von 1700 m bzw. 1300 m mit mächtigen Türmen umschließt sie, dahinter liegen mittelalterliche Häuser in verwinkelten Gassen mit zahlreichen Souvenirläden, Restaurants, Cafés, Hotels und stimmungsvollen Plätzen. Bereits in galloromanischer Zeit war die Anhöhe befestigt. Als Simon de Montfort die Stadt während des Albigenser-

kreuzzugs 1209 eroberte, war sie nur mit einem Mauerring befestigt. Die zweite Mauer wurde Ende des 13. Jhs. errichtet. Der gute Gesamtzustand der Cité ist den großen Restaurierungsarbeiten im 19. Jh. unter Leitung des Architekten Viollet-le-Duc zuzuschreiben.

Die Ville Basse, das »normale« Carcassonne auf der anderen Seite des Flusses Aude, wurde unter Ludwig dem Heiligen als schachbrettartig angelegte Bastide erbaut.

BESICHTIGUNGEN

La Cité
Wenn man das Auto auf einem der gebührenpflichtigen Parkplätze unterhalb der Festungsmauern abgestellt hat, betritt man die mittelalterliche Cité durch den Haupteingang Porte Narbonnaise (Ende 13. Jh.). Sie wird von zwei Türmen flankiert, im rechten liegt in einem schönen Saal das Touristenbüro. Die ansteigende »Haupt«straße Rue Cros-Mayrevieille ist ein einziger Basar von Souvenir- und Kunsthandwerksläden, Cafés und Geschäften mit Spezialitäten der Region. Im *Château Comtal,* am Ende der Rue Cros-Mayrevieille *(tgl. im Sommer 9–19.30 Uhr bzw. 18.30, sonst 9.30–12.30 und 14 bis 18 Uhr),* wohnten die Trencavels, Vizegrafen von Béziers und Carcassonne. Ihr Palast wurde 1226 nach der Eroberung durch die französische Krone zur Festung umgebaut. Im *Musée Lapidaire* des Schlosses unter anderem Fundstücke aus der frühesten Zeit der Cité und ein Calvaire (15. Jh.) aus Villanière, mittelalterliche Bildhauerarbeiten und Grabdenk-

LANGUEDOC

mäler. Folgt man westlich vom Château der Stadtmauer, kommt man zu den Türmen Tour de la Justice, Tour de l'Inquisition (in dem das Inquisitionsgericht während der Verfolgung der Katharer tagte) und die Tour carée de l'Evêque, in der der Bischof Quartier zu nehmen pflegte. Daneben steht die *Basilique St-Nazaire*. Vom ersten Bau, geweiht 1096, ist das Schiff erhalten. Sehr schön im Innern die Glasfenster des 13. und 14. Jhs. sowie Statuen im Chor.

Mémoire Moyen-Âge
Reizvoll die Stadtmodelle im Belagerungszustand, mit Videovorführung. *Beim Haupteingang Porte Narbonnaise und dem Restaurant Pont-Levis Pautard, im Sommer tgl. 10.30–19 Uhr, sonst außer Mi 14 bis 17 Uhr*

Le Moyen-Âge dans la Cité
Hier wird das Mittelalter lebendig, einschließlich der Templer und Katharer. *Gegenüber Château Comtal, tgl. Sommer 10–20 Uhr, sonst 10–18 Uhr*

MUSEEN

Musée des Beaux-Arts
Neben Gemälden flämischer und holländischer Meister des 17. und 18. Jhs. schöne Fayence-Sammlung. Ein Meisterwerk von Achille Laugé (1861–1944) ist »Le Portrait de Madame Astre«. *Ville Basse, 1, rue de Verdun, tgl. außer Mo und Di 10–12 und 14–18 Uhr*

RESTAURANTS

Le Château
Mit starkem mittelalterlichen Touch. Entsprechend authentisch ist die Küche. *4, pl. du Château, Tel. 04 68 25 05 16, Kategorie 2–3*

Pont-Levis Pautard
Stilvoll rustikal, mit Garten und ausgezeichneter regionaler Kü-

Das Château Comtal, das Grafenschloß, in der Cité von Carcassonne

che. *Beim Haupteingang Porte Narbonnaise, Tel. 04 68 25 55 23, Kategorie 2*

HOTEL-RESTAURANTS

La Cité
Luxusherberge in toller Lage oben in der Cité. Spitzenrestaurant La Barbacane. *23 Zi. Pl. de l'Église, Tel. 04 68 25 03 34 Fax 04 68 71 50 15, Kategorie L*

Dame Carcas
Neben dem Hotel La Cité. Kaum weniger luxuriös, mit bezaubernden Zimmern. Behindertengerecht. Das Restaurant verdient ein dickes Lob für das gute Preis-Leistung-Verhältnis. *30 Zi. 15, rue Saint-Louis, Tel. 04 68 71 37 37, Fax 04 68 71 50 15, Kategorie 1*

HOTELS

Remparts
Klein und gemütlich, gute Lage nahe beim Château Comtal. *18 Zi., Tel. 04 68 71 27 72, Fax 04 68 72 73 26, Kategorie 3*

Auberge du Château
★ Sehr schöne, stilvoll eingerichtete Zimmer und ein uriges Restaurant im ehemaligen Pferdestall, Swimmingpool. Mit eigenen Weinbergen. Freundlicher Service. *Behindertengerecht. 16 Zi. Cavanac, 5 km südlich von Carcassonne (D 204), Tel. 04 68 79 61 04, Fax 04 68 79 79 67, Kategorie 1–2*

VERANSTALTUNGEN

Im Juli wird beim Festival de la Cité ausgiebig getanzt, Theater gespielt und musiziert. In der Nacht zum 14. Juli bietet sich ein grandioses Schauspiel: Die gesamte Cité mit ihren Türmen erglüht kilometerweit sichtbar im Schein bengalischer Feuer.

AUSKUNFT

Office de Tourisme
Tour Narbonnaise, 11000 Carcassonne, Tel. 04 68 10 24 35, Fax 04 68 10 24 37

ZIELE IN DER UMGEBUNG

Châteaux de Lastours   (113/D2)
★ Fast gespenstisch ist der Anblick der vier dicht beieinander stehenden Burgruinen vor dem Hintergrund der kargen Montagne Noire. Sie heißen Cabaret, Tour Régine, Fleur d'Espine und Quertinheux und bildeten im 12. Jh. die Festung Cabaret des Lehnsherrn Pierre Roger de Cabaret. Beim Kreuzzug gegen die Katharer konnte Simon de Montfort die Burgen nicht einnehmen. Die beste Aussicht bietet sich vom ⚑ Belvédère. Man fahre aus dem Dorf Lastours Richtung Salsigne, auf der Höhe rechts ab (Eintritt). 18 km nördlich von Carcassonne

Minerve   (113/E2)
Das besonders schöne und daher im Sommer stark besuchte Dorf (104 Ew.) in der Weinregion Minervois liegt an den Südausläufern der Montagne Noire. Der blutrünstige Simon de Montfort belagerte 1210 den befestigten Ort, nahm ihn ein und überantwortete 180 *parfaits,* die nicht ihrem Glauben abschwören wollten, dem Scheiterhaufen. Von der einst doppelten Stadtmauer sind nur Reste erhalten.

In der Église St-Etienne (9. Jh.) ein Altar aus weißem Marmor

LANGUEDOC

von 456, der älteste bekannte in Europa. Das *Musée Municipal, tgl. Mai–Okt. 10–18 Uhr,* besitzt eine bedeutende Fossiliensammlung des Languedoc. Auf den Spuren der Katharer, versäume man nicht, im *Musée Hurepel, tgl. im Sommer 11–19 Uhr, Nebensaison tgl. 14–18 Uhr,* vorbeizuschauen: In Figurinen ist das »Epos« der Katharer dargestellt. Vom Château sind nur überwachsene Turmreste übrig. Hübscher Spaziergang um den Ort, zur Ruine des Château und zu den Ponts naturels, wo der Fluß sich auf 250 bzw. 110 m imposante Tunnel in den Kalkfels gegraben hat. Folgt man Richtung Fauzan dem zwischen Felswänden sich hinwindenden Fluß Cesse, kommt man zum Eingang des Canyon de la Cesse. Rund 50 km nordöstlich von Carcassonne

MONTPELLIER

(114/C3–4) Voller Überraschungen steckt die Hauptstadt (208 000 Ew.) von Languedoc-Roussillon. Gleich bei der Einfahrt über die mehrspurigen Verkehrsachsen, die von der Autobahn in die Stadt führen, steht das neue Stadtviertel Antigone. In seinem postmodernen Stilgemisch aus griechischen und klassizistischen Elementen spiegelt sich symbolhaft der beispiellose Aufschwung der Stadt seit den 60er Jahren. Damals begann mit der massiven Ankunft expatriierter Algerien-Franzosen die Neuzeit, vervierfachte sich innerhalb einer Generation die Einwohnerzahl, wurde das behäbig-bürgerliche Montpellier von Grund auf umgekrempelt. Die »dynamischste Stadt Frankreichs« mit derzeit

mehr als 60 000 Studenten ist Standort von IBM und anderen High-Tech-Unternehmen, baute sich die Satellitenstadt Paillade (40 000 Ew.) und hat das Großprojekt Heliopolis, Verbindungsachse zum Meer, mit dem symmetrisch umbauten Hafen Port-Marianne im Visier. Trotz dieser mitunter als größenwahnsinnig apostrophierten Bauvorhaben gibt es noch das andere Montpellier: eine stimmungsvolle, autofreie Altstadt mit Adels- und Bürgerpalästen, das alte Universitätsviertel, belebte Plätze mit Terrassencafés, eine großstädtische Hotel- und Restaurantszene, erstklassige Museen und ein anspruchsvolles Kulturleben.

BESICHTIGUNGEN

Antigone
★ Hier ist geklotzt worden. Auf vierzig Hektar entstand ein Stadtviertel der Zukunft, Architekt ist der Katalane Ricardo Bofill. Angestrebt und verwirklicht hat er bei aller Gigantomanie einen städtischen Lebensraum, der nicht erdrückend wirkt, sondern mit den Fußgängerzonen und Grünanlagen dem Menschlichen noch Raum läßt. Die Achse des Ganzen mißt 1800 m, fast auf den Meter soviel wie die Champs-Élysées von Paris.

Cathédrale St-Pierre
Der festungsartige gotische Bau überstand als einzige Kirche der Stadt die Revolution. Ursprünglich Abteikapelle, wurde er im 17. und 19. Jh. umfassend restauriert. Man beachte den eigenartigen hochgewölbten Vorhallenbaldachin. Eher romanisch, da einschif-

Antigone bei Nacht: Im verspiegelten Triumphbogen wird Politik gemacht

fig, wirkt das Innere. *Tgl. außer So nachm. 9–12 und 14.30–19 Uhr*

Jardin des Plantes
Wurde 1593 als erster botanischer Garten Frankreichs angelegt; überaus reich an exotischen Pflanzen. *Tgl. außer So und jedem 2. Sa April–Ende Okt. 8.30–12 und 14–18 Uhr, sonst 8–12 und 14 bis 17.30 Uhr*

Place de la Comédie
✪ ⚲ Der zentrale, autofreie Platz verbindet die Altstadt mit den neueren Vierteln, ist Treffpunkt mit sonnigen Terrassencafés und Bühne des städtischen Lebens. Vor der Fassade des Theaters (19. Jh.) steht die *Fontaine des Trois Grâces*. Nördlich geht der Platz in die weitläufige, platanenbestandene Esplanade über, wo man im Sommer promeniert. Am oberen Ende der umstrittene Komplex des Corum aus Beton und finnischem Granit, für Kongresse und Ausstellungen. Großartig der Opernsaal *(Opéra Berlioz)* mit 2000 Plätzen, *Sommer Sa und So 14–19 Uhr.*

Promenade du Peyrou
Die schön terrassierte Parkanlage am Westrand der Altstadt entstand im 17. und 18. Jh. Am Eingang steht ein Triumphbogen, dahinter die Reiterstatue Ludwigs XIV., am anderen Ende ein Wasserturm *(Château d'eau)*. Das Wasser wird 14 km weit herangeführt, zuletzt über einen 800 m langen Aquädukt. Schöner Blick über die Dächer von Montpellier.

MUSEEN

Musée Atger
Das kleine Museum ist eine Sensation: Hier sind Hunderte von Zeichnungen der größten Künstler des 16. bis 18. Jhs. ausgestellt, von Carraccio, Tiepolo, Brueghel, Rubens bis Fragonard, Wat-

LANGUEDOC

teau und anderen. *2, rue de l'École-de-la Médecine, Mo–Fr 13.30–16.30 Uhr, im Aug. geschl.*

Musée Fabre

Bietet mit seinen Sammlungen einen umfassenden Überblick über die Malerei der europäischen Schulen bis zur Moderne, schöne Fayencekollektion und Skulpturen. *39, bd. Bonne-Nouvelle, tgl. außer Mo 9–17.30 Uhr, Sa und So bis 17 Uhr.*

Musée Languedocien

In schönem Stadtpalais sind viele seltene Objekte und Kunstwerke von der Frühgeschichte bis zur Gegenwart zu sehen, zum Beispiel eine Statue der Jungfrau aus der Abtei Fontfroide nahe Narbonne. Interessante archäologische Sammlungen ägyptischer, griechischer und römischer Fundstücke. *7, rue Jacques-Cœur, Juli, Aug. tgl. außer So 15–18 Uhr, sonst 14–17 Uhr*

Musée du Vieux Montpellier / Musée du Fougau

Zwei Museen in einem: Im 1. Stock des schönen Stadtpalais taucht man anhand von alten Dokumenten, Plänen, Bildern und Möbeln in Montpelliers Vergangenheit ein *(Di–Fr 9.30–12 und 13.30–17 Uhr, Sa 13.30–17 Uhr).* Im 2. Stock historische Gewänder, Sammlung zum lokalen Handwerk. *Pl. Pétrarques, Mi und Do 15–18.30 Uhr*

RESTAURANTS

L'Image

❂ Liegt in der Altstadt und wird hauptsächlich von Einheimischen frequentiert. Küche des Midi ohne Schnörkel, mit allen Aromen des Südens. *6, rue du Puits-des-Esquilles, Tel. 04 67 60 47 79, Kategorie 3*

Isadora

Im Gewölbe des 13. Jhs. wird eine ==feine Küche== geboten, voran ==exzellente Fischgerichte.== Im Sommer auch Terrasse an der Place Ste-Anne. *6, rue du Petit Scel, Tel. 04 67 66 25 23, Kategorie 2–3*

Maison de la Lozère

Im Herzen der Altstadt gelegen, prächtig der gotische Gewölbesaal, wo man erlesen speist. Dazu werden feine Weine des Languedoc gereicht. *27, rue de l'Aiguillerie, Tel. 04 67 66 36 10, Kategorie 2*

EINKAUFEN

Quer durch die historische Innenstadt zieht sich die elegante Rue Foch mit ihren Geschäften bis zur Place des Martyrs-de-la-Résistance. Die weiter zur Place de la Comédie führende Rue de la Loge (Fußgängerstraße) ist die eigentliche Einkaufsstraße von Montpellier und traditionell die Adresse der Goldschmiede. Hier kann praktisch jeder Einkaufswunsch befriedigt werden.

HOTELS

Alliance-Métropole

Erstes Haus am Platz, schöne große Zimmer mit jedem Komfort. Ausgezeichnete Küche. *77 Zi., 3, rue Clos-René, Tel. 04 67 58 11 22, Fax 04 67 92 13 02, Kategorie 1*

La Maison Blanche

★ Schön ruhig in einem kleinen Park mit alten Bäumen liegt das stilvolle Herrenhaus. Große, komfortable Zimmer. Swimmingpool. *38 Zi., 1796 av. de la Pompignane, Tel. 04 67 79 60 25, Fax 04 67 79 53 39, Kategorie 2*

Ulysse
Eine feine Adresse in ruhiger Lage. Rustikal eingerichtete Zimmer mit jedem Komfort. *27 Zi., 338, av. Saint-Maur, Tel. 04 67 02 02 30, Fax 04 67 02 16 50, Kategorie 2*

AM ABEND

Die meisten Diskotheken und Nachtclubs liegen in Richtung Meer, an der Straße nach Palavas und Carnon. Wer bis 4 Uhr früh Musik hören und tanzen will, gehe ins ✝ *Le Rockstore, 20, rue de Verdun, Tel. 04 67 58 70 10.*

AUSKUNFT

Office de Tourisme
Esplanade de la Comédie, 3400 Montpellier 30, allée Jean de Lattre de Tassigny, Tel. 04 67 60 60 60, Fax 04 67 60 60 61 und 78, avenue du Pirée, Tel. 04 67 22 06 16, Fax 04 67 22 38 10

ZIELE IN DER UMGEBUNG

Carnon-Plage   (114/C4)
Der endlose Strand, neun Kilometer von Montpellier, ist nicht zu groß für den Andrang, der hier im Sommer herrscht: venezianisches Ambiente à la Lido. Von hier starten Fahrten auf dem Canal du Rhône.

Castries   (114/C3)
Das Hügelstädtchen (4000 Ew.) zwölf Kilometer nordöstlich von Montpellier wird von einem schönen Renaissance-Schloß beherrscht. Erbaut zur Zeit Ludwigs XIV., spiegelt es den Glanz von Versailles wider. Im Großen Saal versammelten sich einst die Stände des Languedoc. Der Park wurde von Le Nôtre, dem berühmten Gartenarchitekten aus der Zeit Ludwigs XIV., angelegt. Schöner Spaziergang am römischen Aquädukt entlang, der den Park mit Wasser versorgt. *Tgl. außer Mo und Jan. 10–12 und 14–18 Uhr.*

Frontignan   (114/C4)
Weltweit berühmt ist die Stadt (16 000 Ew.) für ihren Muskatwein. Lohnend ist der Besuch der Coopérative du Muscat *(1. März–Ende Dez. tgl. 9–11.30 und 14–17.30 Uhr).* 21 km südlich von Montpellier

La Grande-Motte   (115/D4)
Richtig, der (staatliche) Bauherr ließ sich von den ägyptischen und mexikanischen Pyramiden inspirieren. Diese Feriengroßstadt am sechs Kilometer langen Sandstrand kann an die 100 000 Urlauber aufnehmen. Der Bau wurde mit der Erschließung der Küste 1966 begonnen und zwei Jahre später für die ersten Touristen eröffnet. Bis heute wird weitergebaut. An alles ist gedacht: Yachthafen, Wassersporteinrichtungen aller Art, Golfplatz, Thalassotherapie, Einkaufszentrum, Post usw. Zwar dominiert die Hochhausarchitektur, dahinter liegen aber auch Villen im provenzalischen Stil mit Innenhöfen. – Hotel: *Mercure, 135 Zi., rue du Port, Tel. 04 67 56 90 81, Fax 04 67 56 92 29, Kategorie 1–2. –* Auskunft: *Office du Tourisme, pl. de la Mairie, Tel. 04 67 29 03 37, Fax 04 67 29 03 45.* 19 km von Montpellier

LANGUEDOC

Maguelone (114/C4)

Von Palavas-les-Flots führt ein schöner Spaziergang auf der Landzunge zwischen Étang du Prévost und Meer zur Cathédrale St-Pierre, einst Mittelpunkt von Maguelone. Vom Ort, zerstört im Laufe der Religionskriege im 17. Jh., wurde nur die Kathedrale im 18. Jh. restauriert. 12 km südlich von Montpellier

Palavas-les-Flots (114/C4)

Vor dem Ausbau der Küste mit La Grande-Motte als Auftakt war dies der einzige Badeplatz nahe Montpellier (9 km südlich). Ein berühmter *petit train* verband die Stadt mit der Küste. Der Charme des alten Badeortes und Fischerhafens ist im Zentrum noch lebendig, trotz sommerlichen Hochbetriebs. Mitten im Étang du Lévant, mit dem Boot zu erreichen, liegt La Redoute de Ballestras mit dem *Musée Albert Dubout,* einem berühmten Zeichner, der insbesondere Le Petit Train und seine Passagiere unsterblich machte. *Juli, Aug. tgl. 16 Uhr bis Mitternacht, Vor- und Nachsaison außer Mo 14–18 Uhr*

St-Guilhem-le-Désert (114/B3)

★ Nichts weniger als atemberaubend ist die Lage des schönen Dorfes in der Felswildnis der Cevennenausläufer, rund 50 km nordwestlich von Montpellier, am Eingang wilder Schluchten. Die großartige Abteikirche, gegründet 804 von Guilhem, einem engen Freund und Kampfgefährten Karls des Großen und späterem Herzog von Aquitanien, ist ein besonders schönes Beispiel der Romanik des Languedoc. In der Mauer der Apsis sind der Schrein des heiligen Guilhem mit seinen Gebeinen und ein Splitter vom Kreuz Christi ausgestellt, den Karl der Große Guilhem nach einer gemeinsamen Romfahrt gegeben haben soll.

Sète (114/B4)

Trotz häßlicher Industrie- und Hafenanlagen im Vorfeld, ist Sète (42 000 Ew.) als bedeutendste Hafenstadt des Languedoc-Roussillon einen längeren Besuch wert. Nicht umsonst wird Sète auch »Venice languedocienne« genannt. Bunt und mediterran präsentiert sich die Häuserfront am Canal de Sète, der Schauseite der Stadt zu Füßen des Mont St-Clair. Hier geht es besonders lebhaft zu: Sète ist der größte französische Fischereihafen und zweitwichtigste Handelshafen am Mittelmeer. Und Geburtsstadt der Literatur- und Chansongrößen Paul Valéry und Georges Brassens, denen die Stadt mit dem *Musée Paul-Valéry (tgl. 10–12 und 14–18 Uhr)* und der *Espace Brassens (tgl. im Sommer 10–12 und 15–19 Uhr)* angemessene Erinnerungsstätten geschaffen hat. Berühmt sind die seit 1666 mit großem Zeremoniell gefeierten Schifferstechen *(joutes nautiques)* Ende August. Höhepunkt des traditionellen Festes ist der Kampf zwischen zwei großen Ruderbooten, an denen sich eine Plattform befindet, auf der jeweils ein Mann mit einer Lanze steht. Es gilt, den Gegner ins Wasser zu stoßen. Auf dem Cimetière Marin beim Musée Paul-Valéry das Grab des Dichters. Über die Promenade de la Corniche und die Avenue du Tennis kommt man auf den Mont St-Clair und zum ◁▷ Parc Panoramique mit Spazierwegen und Orientierungstafel. Schöne Aussicht auf Stadt und Küste. Restaurant: *La Palangrotte, quai de la Marine, Tel. 04 67 74 80 35, Kategorie 2.* – Hotel: *La Conga, 19 Zi., plage de la Corniche, Tel. 04 67 53 02 57, Fax 04 67 51 40 01, Kategorie 2–3*

NÎMES

(115/E2) Bereits vor zweitausend Jahren kreuzten sich in Colonia Augusta Nemausus (Nemausus war der Gott der Quellen), dem heutigen Nîmes, die Wege der Reisenden: Wenn man an der Porte d'Auguste aus dem Jahr 16 vor Christus steht, wird die römische Vergangenheit lebendig, als die Via Domitia zwischen Italien und Spanien durch die kaiserlichen Stadttore führte. Die Hauptstadt des Departements Gard (133 000 Ew.) verdankt den Römern ihre besondere Attraktion; in keiner anderen Stadt Frankreichs sind die antiken Bauten zahlreicher oder besser erhalten: das Amphitheater, der Tempel Maison Carrée, der Dianatempel, die Tour Magne. Dazu gehört auch der rund siebzig Kiometer von Nîmes entfernte Pont du Gard, denn er versorgte die Stadt mit Wasser. Abgesehen von der römischen Vergangenheit, besticht Nîmes durch seine südlich-lebhafte Atmosphäre und setzt mit zeitgemäßer Architektur avantgardistische Akzente. Breite, von Platanen beschattete Boulevards ziehen sich um die Altstadt, die mit ihren Bars, Restaurants und Läden weitgehend autofrei gehalten wird. Da hält man sich gern einen Tag auf, oder auch länger, wenn die Lebensfreude bei der berühmten Feria zu

Pfingsten mit Stierkampf in der Arena, Musikumzügen, frei durch die Straßen laufenden Stieren und Tanz in den Bodegas explodiert.

BESICHTIGUNGEN

Amphitheater (Arènes)
Der elliptische Bau stammt vom Anfang des 1. Jhs., mißt bei 21 m Höhe im Durchmesser 101 bzw. 133 m und bietet bis zu 24 000 Zuschauern Platz. Durch 126 Treppen im Innern war es möglich, daß die Zuschauer die Arena in wenigen Minuten betreten und verlassen konnten. In der Römerzeit war das Rund Schauplatz von blutigen Gladiatorenkämpfen, von Pferde- und Wagenrennen. Nach der Römerzeit diente der Bau den Westgoten als Festung. Im Mittelalter wurde er zur Burg und dann zum Wohnviertel mit 230 Häusern! Heute finden hier Corridas, Theater- und Opernaufführungen, Rockkonzerte, sogar die Weihnachtsmesse statt. Im Winterhalbjahr ist in dem Rund eine abbaubare Konstruktion aus Aluminium, Plexiglas und Stoff errichtet, die siebentausend Zuschauern Platz bietet. *Von Mai–Dez. geöffnet, im Sommer 9–19 Uhr, im Winter 9–12 und 13–17.30 Uhr*

Maison Carrée
Kein Haus, sondern ein ehemaliger Tempel, erbaut um 4 bis 5 n. Chr. auf dem römischen Forum, das etwa die Größe der aktuellen Place de la Comédie hatte, ist dies der am besten erhaltene römische Bau seiner Art. Die Maße: 26 m lang, 15 m breit, 17 m hoch. Der Tempel wurde dem kaiserlichen Kult zu Ehren

LANGUEDOC

der Adoptivenkel von Augustus, Caius und Lucius Cäsar (den »jugendlichen Prinzen«), geweiht. Trotz wechselvoller Laufbahn – u. a. Nutzung als Amtsstube, Kirche der Augustiner, Pferdestall und Stadtmuseum – hat der Bau die Zeiten fast unversehrt überstanden. Im Innern ist seine Geschichte dokumentiert. *Von Mai bis Dez. geöffnet, tgl. Sommer 9–12 und 14.30–19 Uhr, Winter 9–12 und 14–18 Uhr*

Carré d'Art

Der Bau in Form eines futuristischen Würfels aus Glas und Beton, eröffnet 1993, entworfen vom Architekten Norman Foster, steht sozusagen als zeitgemäße Antwort auf die Maison Carrée am anderen Ende des Platzes. Er birgt eine der modernsten Bibliotheken Frankreichs mit 360 000 Bänden, dazu eine große Platten- und Videosammlung, alles auf dem neuesten Stand der Informationstechnologie. Außerdem ist hier das *Musée d'Art Moderne* untergebracht. *Tgl. außer Mo 11 bis 18 Uhr*

Castellum

Von einem runden Becken (1. Jh.) wurde das vom Pont du Gard kommende Wasser in zehn Bleikanäle geleitet, die Nîmes versorgten. *Nördlich des Boulevard Gambetta an der Rue de Lampèze*

Jardin de la Fontaine

Im weichen Nachmittagslicht ist der Besuch des Gartens nordwestlich der Altstadt am schönsten. Die prächtige Anlage, eine grüne Oase der Stille und Erholung, entstand um 1745 unter Einbeziehung römischer Ruinen und Wasserkanäle.

Temple de Diane

Der Göttin der Jagd war der heute teilweise zerstörte Bau aus der 1. Hälfte des 2. Jhs. n. Chr. sicher nicht geweiht. Wozu er diente, ist unbekannt, man nimmt an, daß er zu den römischen Thermen gehörte.

Tour Magne

Vom Temple de Diane setzt man den Spaziergang fort. Der Weg steigt zum ✿ Mont Cavalier (114 m) an, auf dessen Höhe der Turm steht. Er gilt als größter der einst rund hundert Türme in der römischen Stadtmauer. Ursprünglich vierzig Meter hoch, mißt er heute noch 34 m. Von seiner Höhe hat man einen weiten Blick über Nîmes und die Ebene bis zum Mont Ventoux und zu den Cevennen. *Tgl. Sommer 9–19 Uhr, Winter 9–17.30 Uhr*

Die Marco Polo Bitte

Marco Polo war der erste Weltreisende. Er reiste in friedlicher Absicht, verband Ost und West. Er wollte die Welt entdecken, fremde Kulturen kennenlernen, nicht zerstören. Könnte er für uns Reisende des 20. Jahrhunderts nicht Vorbild sein? Aufgeschlossen und friedlich sollte unsere Haltung auf Reisen sein. Dazu gehören auch Respekt vor Mensch und Tier und die Bewahrung der Umwelt.

WWF

Porte d'Auguste

★ Das Stadttor aus der Zeit von Kaiser Augustus (16/15 v. Chr.) war Teil der Stadtmauer, hier markierte ein Meilenstein den Streckenabschnitt der Via Domitia von Nîmes nach Beaucaire. Durch die beiden großen mittleren Torbogen rollten die Wagen, die beiden kleineren Seitentore waren für Fußgänger bestimmt. Im Ausgrabungsbezirk dahinter steht der Kaiser höchstselbst auf dem Denkmalssockel (Bronzekopie). *Ecke rue Nationale/bd. Amiral-Courbet, gegenüber der Kirche St-Baudille*

Cathédrale St-Castor

Im Laufe seiner Geschichte wurde der romanische Bau in der Altstadt mehrmals zerstört und im 19. Jh. fast vollständig rekonstruiert. An der Fassade zur Place aux Herbes ein schöner romanischer Relieffries, der die Geschichte von Adam und Eva, Kain und Abel darstellt.

MUSEEN

Musée Archéologique

(mit Musée d'Histoire Naturelle) Ein Muß, wenn man sich für die römische Vergangenheit von Nîmes interessiert. Fast alles, was aus jener Epoche in Nîmes und Umgebung ausgegraben wurde, ist hier versammelt: Mosaiken, Skulpturen, Geld, Gefäße – vornehmlich aus Gräbern und Fundstätten entlang der Via Domitia. – Die Sammlungen im Naturkundemuseum sind ebenfalls bedeutend. *13, bd. Amiral-Courbet, tgl. außer Mo 11–18 Uhr*

Musée d'Art Contemporain

Es befindet sich im Carré d'Art. Exquisit die Sammlung zu den jüngeren Kunstrichtungen wie Nouveau Réalisme oder Sup-

Im Zentrum von Nîmes sind viele Straßen für den Autoverkehr gesperrt

LANGUEDOC

port-Surfaces, vertreten mit rund 300 Werken. Daneben gibt es wechselnde Ausstellungen, die das zeitgenössische Kunstschaffen widerspiegeln. *Carré d'Art, tgl. außer Mo 11–18 Uhr*

Musée des Beaux-Arts

Im Erdgeschoß entzückt gleich zu Beginn des Besuchs das große römische Mosaik »Les Noces d'Admète«. Im ersten Stock sind Werke europäischer Schulen vom 15. bis 19. Jh. zu betrachten: Bilder von Giambono, Rubens, Brueghel d.J., Berthélemy u.v.a. mehr. *Rue de la Cité Foulc, tgl. außer Mo 11–18 Uhr*

Musée du Vieux Nîmes

Im ehemaligen Bischofspalast sind Schätze aus der Vergangenheit von Nîmes und Umgebung vereint: Dokumente, Bilder, Mobiliar. *Pl. aux Herbes, tgl. außer Mo 11–18 Uhr*

RESTAURANTS

Le Chapon Fin

★ Einer der Lieblingsplätze der Einwohner ist das alte Bistro, klein und urgemütlich, wo man wie bei Muttern kocht, also ohne Schnickschnack. *Pl. de Château-Fadaise (hinter der Kirche St-Paul), Tel. 04 66 67 34, Kategorie 2–3*

L'Enclos de la Fontaine

Man sitzt auf schattiger Terrasse im Garten eines alten Patrizierhauses und genießt die anspruchsvolle Küche. Auch 59 Zi. *Quai de la Fontaine, Tel. 04 66 21 90 30, Fax 04 66 67 70 25, Kategorie 2*

Le Magister

Die Gerichte sind originell, von der regionalen Küche inspiriert,

das Ambiente ist gediegen-bürgerlich und anheimelnd. *5, rue Nationale, Tel. 04 66 76 11 00, Kategorie 2*

EINKAUFEN

Fürs Shopping ist die Altstadt ideal. Hier finden sich alle Arten von Läden, besonders konzentriert in der *Passage des Marchands* oder der *Coupole des Halles,* einem flott gestylten Einkaufspalast am Nordrand der Altstadt, am Boulevard Gambetta. 50 Geschäfte sind unter gläserner Kuppel in mehreren Etagen untergebracht. An der Place de la Maison Carrée liegt in Nummer 10 die *Boutique Provençale* für Geschenke wie Töpferei, Kräuter oder Stoffe der Provence.

HOTELS

Central

Nettes, kleines Hotel in der Altstadt, mit Garage. Das Zimmer Nr. 20 hat einen tollen Blick über die Dächer. *15 Zi., 2, pl. du Château, Tel. 04 66 67 27 75, Fax 04 66 21 77 79, Kategorie 2–3*

Impérator Concorde

Bestes Haus am Platz, wo schon Hemingway und Picasso gern wohnten. Viel Atmosphäre. Restaurant, Garten und Garage. *62 Zi., quai de la Fontaine, Tel. 04 66 21 90 30, Fax 04 66 67 70 25, Kategorie 1–2*

Lisita

Prima Lage: im Angesicht der Arena. Hier steigen die spanischen Toreros bei der Fiesta ab. Die Zimmer sind stilvoll mit Möbeln aus dem Languedoc und Stoffen der Provence eingerichtet. *26 Zi., 2 bis, bd. des Arènes, Tel. 04 66 76 22 30, Fax 04 66 76 22 30, Kategorie 2–3*

Plazza

Hier wohnt man komfortabel und ruhig, zwei Minuten vom Zentrum. Schönes Interieur, Zimmer mit Klimaanlage. Auch Zimmer mit Terrasse und Blick über die Dächer. Garage. *28 Zi., 10, rue Roussy, Tel. 04 66 76 16 20, Fax 04 66 67 65 99, Kategorie 2*

Royal

Originell im Jugendstil eingerichtet, schöne Zimmer, überwiegend ruhig zur Place d'Assas in der Altstadt gelegen. Garage. *24 Zi., 14, rue de la Maison Carrée, Tel. 04 66 67 28 36, Fax 04 66 21 68 97, Kategorie 2*

VERANSTALTUNGEN

Nicht das Oktoberfest in München, sondern die Feria von Nîmes zu Pfingsten, die Feria de Pentecôte, ist das populärste Volksfest Europas. Es dauert fünf Tage, im Mittelpunkt stehen die Stierkämpfe im Amphitheater. In der Stadt wird gesungen, getanzt und in unzähligen Restaurants und Bodegas gezecht. Noch ursprünglicher ist die Feria des Vendanges, die Ernte-Feria, in der dritten Septemberwoche. Am vorletzten Wochenende im Februar wird die Feria de Primavera gefeiert, bei der ebenfalls Stierkämpfe *(novilladas)* im Mittelpunkt stehen.

AM ABEND

Gut besucht sind abends die Pizzerias und Cafés mit ihren Terrassen am Boulevard de l' Amiral-

Courbet, wo auch mehrere Kinos liegen. Ein beliebter Treffpunkt ist 🕴 *Le Diagonal, 41 bis, rue Émile-Jamais,* sehr stimmungsvoll, mit Musik, Kunst an den Wänden und preiswerten *tapas. Mo geschl.*

AUSKUNFT

Office de Tourisme

6, rue Auguste (nahe Maison Carrée), 30 000 Nîmes, Tel. 04 66 67 29 11, Fax 04 66 21 81 04

ZIELE IN DER UMGEBUNG

Abbaye de St-Roman   (115/E3)

Ein erstaunlicher Kraftakt: Seit dem 5. Jh. meißelten die Mönche hier ihre Kapelle, die Säle, Zellen und Gräber aus dem Fels. Von der 🌼 Terrasse, wo Mauerreste an eine Burg aus dem 16. Jh. erinnern, weiter Blick über die Rhône-Ebene und Avignon bis zum Mont Ventoux. *Tgl. 10–19 Uhr (Sommer). April–Ende Juni und Sept. 10–18 Uhr, Mo und Di geschl.* Rund 22 km östlich von Nîmes Richtung Beaucaire.

Beaucaire   (115/F3)

Die geschichtsträchtige Stadt (13 500 Ew.) an der Rhône, 24 km westlich von Nîmes, ist mehr als nur einen kurzen Besuch wert. Mit ihren hellroten Ziegeldächern, engen Straßen und schönen alten Häusern, bewacht von einer mächtigen Burgruine, lädt sie zum Verweilen ein. Berühmt war die 1217 begründete Foire de la Ste-Madeleine, die im 18. Jh. zum größten Markt Frankreichs wurde und heute in den Estivales de Beaucaire im Juli weiterlebt. Im Mittelpunkt steht dabei der unblutige Stierkampf *course camarguaise,* mit den kleinen,

LANGUEDOC

Der Pont du Gard versorgte das römische Nîmes mit Trinkwasser

wilden Stieren der Camargue. Vom Château royal aus dem 11. Jh. sind zwei 🌼 Türme, Mauerwerk und eine schöne romanische Kapelle erhalten. Ein prächtiges Schauspiel ist hier die Flugvorführung der Greifvögel *(von Ostern bis Ende Oktober jeden Nachmittag, im Juli und August ein Flug pro volle Stunde, nachmittags außer Mittwoch in der Vor- und Nachsaison).* In den Burgmauern liegt das *Musée Auguste-Jacquet* mit archäologischer Sammlung und einer Dokumentation zur historischen Foire de Beaucaire. *Tgl. außer Di April–Sept. 10–12 und 14.15–18.45 Uhr, sonst bis 17.15 Uhr.* – Rund sieben km Richtung Fouques (D 15) kommt man zum *Vieux Mas,* der gelungenen Rekonstruktion eines alten provenzalischen Bauernhofs mit Tieren, Gerätschaft u. a. *Tgl. 10–19 Uhr, Jan. geschlossen*

Oppidum de Nages (115/DE)
Bei dem kleinen Dorf Nages, 12,5 km südwestlich von Nîmes an der Straße nach Sommières, liegen auf einem Hügel die bedeutenden Ausgrabungen eines galloromanischen Ortes der Eisenzeit (800 bis 50 v. Chr.): Grundmauern, Reste von Toren und Türmen der Wehrmauer. Kleines Museum in der Mairie, Besichtigung auf Anfrage.

Pont du Gard (115/E2)
Ob Kaiser Claudius ihn 40 bis 60 n. Chr. oder bereits Agrippa, der Schwiegersohn von Augustus, 19 v. Chr. bauen ließ, ist ungeklärt; sicher ist, daß der gewaltige Aquädukt als eins der besterhaltenen römischen Bauwerke gelten kann. Er ist Teil der Wasserleitung, die über 50 km ab Uzès die Kolonie von Nîmes versorgte. Mit einer Spannweite von 275 m

und einer Höhe von 49 m überspannt er in drei Bogenreihen den Gard; um auf der obersten, mit dem Kanal, spazieren zu können, muß man allerdings schwindelfrei sein! Bei jährlich rund 2 Millionen Besuchern wähle man möglichst sorgfältig seine Besuchszeit: am besten früh am Morgen oder abends gegen 18 oder 19 Uhr. Die im 18. Jh. erbaute unterste Brücke ist außer im Juli und August für den Autoverkehr freigegeben. 24 km nordöstlich von Nîmes

Saint-Gilles (115/E3)
Das sympathische Städtchen (11 000 Ew.), 19 km südlich von Nîmes mitten im Rhônedelta, ist ein Muß für die Freunde romanischer Kunst. Die prächtige Fassade der Abteikirche zeugt von der einstigen Bedeutung des Städtchens im Mittelalter als Pilgerziel und Handelsplatz. Von der im 8. Jh. gegründeten Abtei sind außer der Kirche (12. Jh., im 17. Jh. verkleinert rekonstruiert) die Ruine des alten Chors neben der Kirche sowie Reste der 50 m langen und 25 m breiten Krypta (11. Jh.) mit dem Grab des heiligen Gilles (Ägidius) erhalten, zu dem die Gläubigen pilgerten. Besondere Beachtung verdient neben dem Tympanon die berühmte Treppe »Vis de St-Gilles«, eine meisterhaft gearbeitete Wendeltreppe.

Die Fassade der Kirche mit ihren drei Portalen, ein Hauptwerk der romanischen Plastik in Südfrankreich, ist reich mit biblischen Szenen geschmückt. Besonders interessant, mehr noch als die Tympana, sind die Szenen der Türstürze: links Jesu Einzug in Jerusalem, in der Mitte Abendmahl und Fußwaschung, rechts die heiligen Frauen beim Kauf von Parfum und am Grab Jesu. *Juli–Sept. tgl. 9–12.30 Uhr und 14.30–19 Uhr, sonst 9–12 und 14–17 Uhr.* In der nahe der Kirche gelegenen *Maison romaine* ist ein Museum mit den Funden der Abtei untergebracht. *Tgl. wie oben.*

Sommières (115/D3)
Das Städtchen (3200 Ew.), 25 km südwestlich von Nîmes, ist mit seinen weißen Häusern, die sich über dem Flüßchen Vidourle aufbauen, den mittelalterlichen Toren, schmalen Gassen und von Arkaden gesäumten Plätzen eine Augenweide. Die guterhaltene, 190 m lange römische Brücke stammt vom Anfang des 1. Jhs. und wurde im 18. Jh. restauriert. Vom Marché-Haut, dem oberen Markt, sollte man nicht versäumen, über die steile Montée des Régordanes zu der Ruine des Ancien Château hochzusteigen. Vom ❧ Turm herrlicher Blick über die Dächer von Sommières, die Weinhänge und Dörfer. Ho-

Château de Villevieille bei Sommières

LANGUEDOC

tel: *Le Pont Romain, 19 Zi., 2, rue Emile-Jamais, Tel. 04 66 80 00 58, Fax 04 66 80 31 52, Kategorie 2.* – 2 km vor der Stadt, Richtung Nîmes, das großartige ★ *Château de Villevieille* (11. Jh., restauriert in der Renaissance), eingerahmt von alten Häusern in blühenden Gärten – ein bezauberndes Ensemble. Die Inneneinrichtung des Schlosses ist sehr gut erhalten, u. a. das Zimmer, in dem der heilige Ludwig 1243 wohnte. *1. Juli bis Mitte Sept. tgl. 14.30–18.30 Uhr, sonst nur So nachmittag.*

Uzès

Unter den besonders schönen Städten Frankreichs nimmt Uzès (7600 Ew.) einen Spitzenplatz ein. Mittelalterliche Türme ragen bei der Anfahrt über den Dächern auf, vielversprechender Auftakt für die Begegnung mit dem »ersten Herzogtum Frankreichs«. Den Herzogstitel bekam ein Mitglied der Familie, deren Ursprung bis in die Zeit Karls des Großen zurückreicht, 1565 von Karl IX. verliehen. 1632 erhielt der Duc d'Uzès dann die Würde des ersten Herzogs von Frankreich und königlichen Pairs. Auf Initiative der Marquise de Crussol d'Uzès, deren Familie das Schloß immer noch besitzt, wurde das Städtchen in den sechziger Jahren unter den besonderen Schutz der Denkmalspflege gestellt und vorbildlich restauriert. Herzstück ist das herzogliche Château, *Le Duché,* mitten in der Altstadt. Das Ensemble aus verschiedenen Epochen illustriert den Aufstieg des Hauses Uzès: die viereckige Tour Bermonde aus dem 11. Jh., die Tour de la Vicomté aus dem 14. Jh., die herrliche Fassade aus der Renais-

sance (1550). Im Innern besichtigt man im Stil Louis XIII und Louis XV möblierte Salons und die Kapelle (15. Jh.). In den Kellergewölben ist eine Fürstenhochzeit von 1646 mit lebensgroßen Puppen in Szene gesetzt. *Mitte Juni–Mitte Sept. tgl. 10 bis 18.30 Uhr, sonst tgl. 10–12 und 14 bis 18 Uhr.* – Neben der Cathédrale St-Théodorit, mit schöner Orgel (1670), steht die 42 m hohe, originelle Tour Fenestrelle (12. Jh.), die von der romanischen Vorgängerin der Kirche übrigblieb. Das Turmrund, mit übereinander gebauten Fensterbogen, ist einzig in seiner Art in Frankreich. (Nicht zu besichtigen.) Restaurant: *Les Jardins de Castille, rue de la Calade/pl. Évêque, Tel. 04 66 22 73 73, Kategorie 2–3.* – Hotel: *Entraigues 19 Zi., 8, rue de la Calade, Tel. 04 66 22 32 68, Fax 04 66 22 57 01, Kategorie 2–3.* – In der Umgebung, 4 km Richtung Anduze eine Topadresse: *Hostellerie d'Agoult, Château d'Apaillargues, 26 Zi., Tel. 04 66 22 14 48, Fax 04 66 22 56 10, Kategorie 1.* 25 km nördlich von Nîmes

Villeneuve-lès-Avignon (115/F2)

Die Rhône bildet hier die östliche Grenze des Languedoc-Roussillon. Das Städtchen (11 000 Ew.), dessen Geschichte eng mit dem »päpstlichen« Avignon am anderen Flußufer verbunden ist, hat zahlreiche schöne Bauten aus der Zeit, als hier die Kardinäle residierten, voran die Chartreuse du Val de Bénédiction, das Fort St-André mit gleichnamiger Benediktinerabtei, das Musée Municipal Pierre de Luxembourg und die ☙ Tour de Philippe-le-Bel. 40 km nordöstlich von Nîmes

ROUSSILLON

Im Land der Katharer

Burgen, Meer und alte Abteien von den Weinhügeln der Corbières bis zu den Pyrenäen

Das Roussillon ist ein Land der Kontraste: Mit Badeplätzen wie Leucate-Plage, Port-Barcarès, St-Cyprien oder Argelès-sur-Mer ist seine Küste eine der am stärksten besuchten am Mittelmeer. Sonne, Strand und vielfältige sportliche Aktivitäten im Überfluß verfehlen nicht ihre Sogwirkung. Doch das Roussillon ist mindestens ebenso attraktiv für Leute, die das Abenteuer der Entdeckung suchen. Städte wie Narbonne und Perpignan sind nicht nur Etappen an der Autobahn, sondern Orte voller Leben, Geschichte, Sehenswertem. Eine Rundfahrt zu den wie Adlernester in die Felswildnis der Corbières plazierten Katharerburgen wird zum großen Erlebnis. Sie heißen Château de Quéribus, Château de Peyrepertuse, Château de Montségur – und sind doch keine Schlösser, sondern vor allem Tummelplätze der Phantasie, die von dem tragischen Schicksal der Sekte der Katharer genährt wird.

Im äußersten Süden des Roussillon, dessen katalanische Iden-

tität auch nach über 300 Jahren Zugehörigkeit zu Frankreich frisch und munter ist, kommt man in die Hochtäler der Pyrenäen, zu stattlichen Abteien, Thermalbädern und urigen Bergdörfern.

COLLIOURE

(113/F6) ★ An der gesamten Küste des Languedoc-Roussillon gibt es kein schöneres Städtchen (2800 Ew.). Hier beginnt die Felsenküste, genannt Côte Vermeille (rote Küste). Beherrscht wird das höchst malerisch in einer Bucht mit Kiesstränden gelegene Städtchen vom festungsartigen Château Royal, einst Sommerresidenz der Könige von Mallorca. Berühmt machten den ehemaligen Fischerort ab 1905 die Maler, die sogenannten *fauves,* die Wilden, wie Derain, Braque, Matisse u. a. Was den Andrang der Touristen in der Hochsaison betrifft, so steht Collioure allerdings kaum hinter St-Tropez zurück. Wenn möglich, sollte man also nicht im Sommer, sondern im Frühjahr oder Herbst kommen, um Charme und Schönheit des Ortes in Ruhe genießen zu können.

Château de Quéribus, letzte Bastion der Katharer, fiel im Jahre 1255

Die Kirche Notre-Dame-des-Anges am Alten Hafen von Collioure

BESICHTIGUNGEN

Château Royal

Zwischen 1276 und 1344 war das Schloß Sommerresidenz der mallorquinischen Könige. Davor war es ein Stützpunkt der Tempelritter; im 17. Jh. fügte Festungsbaumeister Vauban die Bastionen hinzu. Zu besichtigen sind u.a. Ehrenhof, ehemalige königliche Säle, Kerker und Befestigungen. Wechselnde Kunstausstellungen. *Sommer tgl. 10.30 bis 19.30 Uhr, Nebensaison nur nachmittags*

Chemin du Fauvisme

Wo Henri Matisse und André Derain im Ort und an der Bucht ihre Staffeleien aufstellten, hat man insgesamt 20 numerierte Reproduktionen ihrer Bilder angebracht. Ein reich illustriertes Begleitheft mit Kommentaren ist beim Touristenbüro erhältlich.

Église Notre-Dame-des-Anges

Die Kirche am Ende der Plage Boramar und unterhalb der Altstadt ist ein Wahrzeichen der Stadt dank des originellen runden Turms, dem ursprünglichen Leuchtturm des alten Hafens, der nun als Glockenturm dient. Im Halbdunkel des Kirchenraums prunken neun reich mit Gold verzierte, geschnitzte Altarblätter. Den ganzen hinteren Chorraum füllt das mächtige Triptychon des Hochaltars aus, geschaffen 1698 von dem Katalanen Joseph Sunyer. In der Sakristei wird der Kirchenschatz mit mittelalterlichem Kleiderschrank, Gemälden und Reliquien aufbewahrt.

Ilôt St-Vincent

Am Ende der kleinen Plage St-Vincent mit Kiesstrand liegt der Felsen samt kleiner Kapelle und einer Mole, ein beliebtes Ziel der Abendpromenade.

Vieux Port

Die bunten katalanischen Barken mit spitzem Dreiecksegel dienen heute eher als Dekoration vor den dichten Stuhl- und Tischreihen der Strandcafés. Vorbei sind die Zeiten, in denen die Barken

ROUSSILLON

zu Dutzenden auf dem Kiesstrand lagen, den heute das Badevolk einnimmt.

Vieux Quartier du Mouré
Die steilen und engen Gassen der Altstadt haben mit ihren bunten Häusern und versteckten Gärtchen spanisches Flair. Die Rue

Miradou steigt zum Fort (17. Jh.) gleichen Namens hinauf, das noch militärisch genutzt wird.

MUSEUM

Musée Peske
Gemäldesammlung regionaler Künstler. Gelegen neben der ehe-

MARCO POLO TIPS FÜR DAS ROUSSILLON

1 Von den Malern entdeckt
Collioure ist das schönste Städtchen an der Küste des Languedoc-Roussillon (Seite 65)

2 Internationale Naivität
Kein alltägliches Kunsterlebnis bietet das Musée International d'Art Naïf in Bages (Seite 70)

3 Kloster im stillen Tal
Der Platz der Abbaye de Fontfroide ist so großartig wie das Kloster selbst (Seite 74)

4 Afrika am Mittelmeer
Nashörner, Gazellen, Löwen tummeln sich in dem Reservat an der Küste des Roussillon (Seite 75)

5 Kanalfahrt
Der Canal de la Robine führt von Narbonne in die Wasserwelt der Étangs (Seite 75)

6 Gaumengenuß à la catalane
Stimmungsvolle Casa Sansa in Perpignan, wo Spezialitäten des Roussillon aufgetischt werden (Seite 77)

7 Schätze der Vergangenheit
Das Centre d'Arts Sacrés mit seinen erlesenen Kunstschätzen kann manchen Kirchenbesuch ersetzen (Seite 79)

8 Zuflucht der Katharer
Château de Peyrepertuse ist nur eine der Burgen im Pays Cathare – aber ohne Zweifel die imposanteste (Seite 79)

9 Der älteste Europäer
Vor mehr als 450 000 Jahren jagte der »Mensch von Tautavel« im Roussillon (Seite 81)

10 Fudschijama des Roussillon
Das Schneehaupt des Pic du Canigou ist ein großartiger Aussichtsbalkon (Seite 83)

11 Ort zum Meditieren
In der Prieuré de Serrabone begegnet man zeitloser Stille und großer Kunst (Seite 84)

12 Liebeshof Château Puivert
Ausnahmsweise keine kriegerischen Erinnerungen, sondern Lautenspiel (Seite 87)

maligen Kirche des Dominikanerklosters, heute Wein-Cooperative, im Jardin Gaston-Pams. Schöner Blick auf Collioure. *Straße nach Port-Vendres, tgl. außer Di 14–18 Uhr*

EINKAUFEN

Was die zahlreichen Galerien betrifft: Einen Matisse oder Derain wird man hier nicht finden, aber unter viel Mittelmäßigem gibt es auch künstlerische Lichtblicke beim Bummel durch die Rue Pasteur und Seitengassen. – *La Casa Catalana, Quai de l'Amirauté,* ist eine gute Adresse für katalanische Kunst bzw. Kunsthandwerk. Kulinarisches Souvenir: die berühmten Anchovis bei *Anchois Desclaux SA, Route Nationale, Carrefour du Christ.* Wein aus Banyuls: *La Vieille Cave, 22, rue Pasteur.* – Auf der Place Général-Leclerc ist Mittwoch und Donnerstag großer Markt.

RESTAURANTS

Auf Fisch sind so gut wie alle Restaurants spezialisiert. Die Auswahl ist groß.

El Capillo
Ob die ortstypischen *anchois,* Muscheln, Fisch je nach Tagesangebot oder Crevetten – alles schmeckt. *22, rue St-Vincent, Tel. 04 68 82 48 23, Kategorie 3*

La Marinade
Ansprechend das maritime Dekor und die freundliche Bedienung; die Küche hält da mit. Besonders sorgfältig zubereitete und schmackhafte katalanische Fischspezialitäten. *14, pl. du 18 juin, Tel. 04 68 82 09 76, Kategorie 2–3*

Nouvelle Vague
Originelles Restaurant, in einer ehemaligen Fabrik für das Pökeln von Sardellen *(anchois).* Ausgezeichnet die Fischgerichte und Meeresfrüchte, aber auch das Rinderfilet in Rotwein. *7, rue Voltaire, Tel. 04 68 82 23 88, Kategorie 1–2*

HOTELS

Casa Païral
In altem katalanischen Haus, stilvoll eingerichtet, mit lauschigem Patio und Swimmingpool. Zentral, aber ruhig in einer Sackgasse gelegen. *28 Zi., impasse des Palmiers, Tel. 04 68 82 05 81, Fax 04 68 82 52 10, Kategorie 1–2*

Les Templiers
Man wohnt fast wie im Museum: Die Wände des Treppenhauses, der Flure, der Bar sind zugedeckt mit Gemälden, die der Wirt einst von seiner mehr oder weniger berühmten Klientel in Zahlung nahm oder geschenkt bekam. Rustikal eingerichtete Zimmer, teils mit Blick aufs Château Royal. *52 Zi., quai de l'Amirauté, Tel. 04 68 98 31 10, Fax 04 68 98 01 24, Kategorie 2–3*

Relais des Trois Mas
Luxuriös in jeder Hinsicht, zauberhafte Zimmer, herrlich gelegen auf dem Felsen beim Jardin Gaston-Pams, mit Blick auf Collioure. Erstklassige Küche. *19 Zi., route de Port-Vendres, Tel. 04 68 82 05 07, Fax 04 68 82 38 08, Kategorie L–1*

AM ABEND

Stimmungsvoll sind im Hotel *Princes de Catalogne* das *Tapas-Café* und die *Piano-Bar, rue des Palmiers.*

ROUSSILLON

Ein Treffpunkt der Einheimischen ist die *Bar des Hotels Les Templiers, quai de l'Amirauté.* Diskotheken und Nachtclubs hat der Ort nicht zu bieten.

SPORT UND SPIEL

Collioure hat mehrere kleine Strände (Kies oder Sand) und Badebuchten: Im Ort Plage Boramar und Plage St-Vincent und auf der anderen Seite des Château Royal Plage de Port d'Aval. Wassersport steht obenan: Kursangebot, Verleih von Segel-Surfbrettern, tage- oder wochenweiser Verleih von Tretbooten, außerdem stundenweise Fahrten oder Kurse mit den traditionellen katalanischen Barken. Tauchkurse vom Anfänger bis »Gold«-Niveau, Tauchausflüge aufs Meer: *C.I.P., rue du Puits Saint-Dominique, Tel. 04 68 82 07 16.* – Tennis kann man auf sechs Plätzen spielen oder Kurse belegen: *Collioure Centre de Loisirs, route de Consolation, Tel. 04 68 82 47 55.*

AUSKUNFT

Office de Tourisme
Pl. du 18 Juin, 661900 Collioure, Tel. 04 68 82 15 47, Fax 04 68 82 46 29

ZIELE IN DER UMGEBUNG

Amélie-les-Bains-Palalda (113/E6)
Der Kurort (3200 Ew.) in der schönen Pyrenäen-Region Vallespir, durch den der Tech fließt, war schon in Römerzeiten wegen seiner Schwefelquellen geschätzt. Ein großes römisches Schwimmbecken ist erhalten. Insgesamt ist das Städtchen aber recht uninteressant. Dafür lohnt ein Besuch des eingemeindeten Palalda um so mehr. Das schöne, hoch über dem Tech gelegene Dorf verlockt zum Bummel durch die stimmungsvollen, blumengeschmückten Gäßchen. Neben der Mairie steht die Kirche (10. Jh.) mit schönem Altaraufsatz. Interessant auch das kleine Museum mit den Abteilungen: Brauchtum und Kunsthandwerk sowie einer Ausstellung über die Post im Roussillon. *Tgl. außer Di 10–12 und 14–19 Uhr.* 35 km westlich von Collioure

Arles-sur-Tech **(113/D6)**
Das Städtchen (2800 Ew.) hängt an seinen katalanischen Bräuchen wie der Procession de la Sanche am Karfreitag und der Fête de la St-Eloi Ende Juni, mit der berühmten »Segnung des Maultiers«. Der Ort entstand um eine bedeutende, im 9. Jh. von Karl dem Großen gegründete Benediktinerabtei, von der Kirche und Kreuzgang erhalten sind. Der makellose, prächtige Kreuzgang (Ende 13. Jh.) ist der älteste seiner Art im Roussillon. Von hier betritt man die Kirche mit reicher Innenausstattung, darunter berühmte *misteris,* Christusbilder, die bei der Procession de la Sanche getragen werden. Links neben dem Haupteingang der Kirche befindet sich hinter einem Gitter La Sainte Tombe, ein weißer Sarkophag aus dem 4. Jh., der sich auf unerklärliche Weise jedes Jahr mit klarem, »wundertätigem« Wasser füllt. Die großartige Bergwelt des Haut Vallespir ist ein ideales Wanderrevier. 2 km von Arles Richtung Le Tech zweigt ein Weg zu den sehenswerten *Gorges de la Fou* ab. Das Flüßchen Fou hat hier eine bis zu 250 m tiefe,

enge Schlucht (teilweise 1 m breit und damit angeblich die schmalste Schlucht der Welt) von fast 2 km Länge mit einem Netz von Gängen und Höhlen gegraben. *Tgl. 10–18 Uhr.* – Ein anderer Ausflug von Arles führt auf einer sehr schönen Bergstraße nach *Corsavy,* einem urigen Bergdörfchen mit den Resten einer romanischen Kirche und einem alten Wachtturm. Die D 44 steigt weiter bergan zum hübschen Dorf *Montferrer* mit einer schönen romanischen Kirche. Folgt man der D 44 weiter, kommt man bei Le Tech wieder auf die D 115. 40 km westlich von Collioure

Argelès-Plage **(113/F6)**
Dies ist die europäische Camping-Hauptstadt mit bis zu 100 000 Urlaubern in der Hochsaison, verteilt auf rund 60 Plätze. Die Zufahrtswege gleichen Stadtautobahnen. Die langen Sandstrände des Roussillon gehen wenige Kilometer südlich in die felsige Côte Vermeille über. Der landeinwärts gelegene alte Ort Argelès-sur-Mer ist vom Massentourismus durch einen 2,5 km breiten Streifen mit Obstplantagen und Eukalyptusbäumen getrennt. 6 km nordwestlich von Collioure

Balcon de Madeloc **(113/F6)**
Die schöne Bergstraße (D 86) zwischen Collioure und Banyuls (20 km) führt durch eine karge Landschaft, in der nur der mühsam angebaute Wein gedeiht. Man passiert die Ermitage de Notre-Dame-de-Consolation, mit zahlreichen Exvoten von Seeleuten, und die ✺ Tour Madeloc, einen alten Wachtturm; die Aussicht von hier ist atemberaubend. 2–3 km südlich von Collioure

Bages **(113/E5)**
Eine originelle Villa von 1954 beherbergt das ★ *Musée International d'Art Naïf de Bages,* in dem eine bunte Sammlung naiver Kunstwerke aus aller Welt zu sehen ist. *Mo–Sa 10–19 Uhr, So 14–19 Uhr.* 15 km nordwestlich von Collioure

Banyuls-sur-Mer **(113/F6)**
Auch ein schönes altes Küstenstädtchen (4600 Ew.) in einer Bucht; weniger stark besucht als Collioure. Ein Nachteil ist allerdings, daß die Küstenstraße vor der palmengesäumten Häuserfront um die Bucht verläuft. Der Badestrand aus Sand und Kies liegt östlich in einer geschützten kleinen Bucht. Bekannt ist der Wein, ein schwerer, dem Muscat verwandter Tropfen. Große Kellereien (Besichtigungen) liegen oberhalb des Ortes an der D 86. Interessantes Aquarium mit 39 Becken. *Plage du Fontaulé tgl. 9–12 und 14–19 Uhr (Sommer)* – Restaurant: *Le Sardinal, 4 bis, pl. Paul-Reig, Tel. 04 68 88 30 07, Kategorie 2–3.* – Hotel: *Le Catalan, 35 Zi., route de Cerbère, Tel. 04 68 88 02 80, Fax 04 68 88 16 14, Kategorie 2.* – 4 km südwestlich von Banyuls liegt der Mas Maillol, wo der berühmte Bildhauer Aristide Maillol, der 1861 in Banyuls geboren wurde, oft arbeitete und wo er im Garten begraben ist.

Cerbère **(113/F6)**
Zu dem letzten kleinen Hafen vor der spanischen Grenze (1500 Ew.) führt die in den steilen Fels gebahnte, kurvenreiche Küstenstraße. Die Fahrt allein ist schon

ROUSSILLON

ein Vergnügen. Cerbère ist auch ein kleiner Badeort, mit einem Schieferkieselstrand. Als Ferienplatz können wir den Ort indes kaum empfehlen.

Céret (113/E6)

Das charmante Städtchen (7000 Ew.), dreißig Kilometer westlich von Collioure, Hauptort des Vallespir, trägt mit Stolz den Beinamen »Mekka des Kubismus«. Zu Beginn dieses Jahrhunderts wurde es von den Künstlern entdeckt und geliebt, voran Picasso, der viele seiner Kollegen zum Kommen animierte: Braque, Matisse, Cocteau, Chagall, Dufy und viele andere. Auf den Caféterrassen des platanenbeschatteten Boulevard saßen und diskutierten viele der größten Künstler des Jahrhunderts. Im ausgezeichneten *Musée d'Art Moderne* sind ihre Werke zu bewundern: *1. Juli bis 30. Sept. tgl. 10–19 Uhr, sonst tgl. außer Di 10–18 Uhr.*

Der großartige Vieux Pont, auch Pont du Diable genannt, stammt aus dem 14. Jh. und hat einen einzigen Bogen von 45 m Spannweite.

Im Juli und August wird katalanisch-temperamentvoll gefeiert, mit *corridas* in der Arena und dem großen Festival International de Sardanes.

Elne (113/F5)

Die große Sehenswürdigkeit des Städtchens (6200 Ew.) im flachen Obstanbaugebiet ist die *Cathédrale Ste-Eulalie-et-Ste-Julie.* Einst war Elne die Hauptstadt des Roussillon und rund 1000 Jahre, bis 1602, Bischofssitz, ehe dieser nach Perpignan verlegt wurde. Die Kathedrale wurde im 11. Jh. geweiht. Das Innere ist reich ausgestattet, zu den bedeutendsten Schätzen zählen ein schöner geschnitzter Altaraufsatz (14. Jh.), ein romanischer Altartisch aus Marmor und ein romanisches Taufbecken. Sehr schön ist der Kreuzgang mit figurenreichen Kapitellen, die Tiere und biblische Szenen aufweisen. Besonders fein ist die Südgalerie, die im 12. Jh. errichtet wurde und damit die älteste des Kreuzgangs ist. *Tgl. Juni–Sept. 10–11.45 und 14–18.45 Uhr, sonst bis 17.45 Uhr.* 10 km nordwestlich von Collioure

Prats-de-Mollo (113/D6)

Im hinteren Haut Vallespir, nahe der spanischen Grenze, liegt der hübsche Bergort (1100 Ew.) 60 km westlich von Collioure im Tal des Tech. Er besteht aus einer von Vauban im 17. Jh. befestigten Cité mit der Ville Haute als Herzstück und einer moderneren verstreuten Siedlung. Das Fort Lagarde (1692) auf einem Felssporn wacht über dem Städtchen. Beim Bummel durch die Gassen, Eingang Porte de France, kommt man zur Kirche (13. Jh.). Der imposante Aufsatz des Barockaltars mißt fast zehn Meter. Acht Kilometer nordwestlich liegt auf 1130 m Höhe der kleine Kurort La Preste.

Serralongue (113/D6)

Einen Kilometer vor dem im Jahre 1940 von einer gewaltigen Überschwemmung verheerten Ort Le Tech zweigt südlich die D 44 zu dem schönen Bergdörfchen Serralongue ab. Stimmungsvoll die romanische Kirche (11. Jh.) mit einer prächtig verzierten Tür. Hinter der Kirche liegt auf der Höhe eine eigenartige Kapelle, genannt Conjugador, wo der Pfarrer durch magische Sprüche das Unwetter gebannt haben soll.

NARBONNE

(113/F3) Im Windschatten der Richtung Spanien und retour vorbeisausenden Autokarawane gelegen, ist Narbonne für viele nicht mehr als ein Etappenziel. Dabei hat die alte Stadt (46 000 Ew.), in römischer Zeit Hafen und Regierungssitz der Provinz Gallia Narbonensis, beeindruckende Zeugnisse aus ihrer langen Geschichte bewahrt wie die Cathédrale Saint-Just und den ehemaligen Erzbischöflichen Palast. Mit der Verlandung des Hafens vom 14. Jh. an ging's indes wirtschaftlich bergab. Nur der mitten durch die Stadt geführte Canal de la Robine verbindet Narbonne noch mit dem rund 16 km entfernten Meer, aber der Lage im großen Weingebiet Corbières verdankt die Stadt heute einen soliden Wohlstand.

Der Küstenabschnitt zwischen Narbonne und Perpignan mit seinen *étangs* und kilometerlangen Sandstränden hat abseits der künstlichen Badeplätze immer noch Abschnitte zu bieten, die von der Bauwut verschont blieben.

BESICHTIGUNGEN

Basilique St-Paul-Serge

Sie ist neben der Kathedrale die größte Kirche der Stadt, errichtet an der Stelle einer frühchristlichen Nekropole. Sehr schön der elegante Chor von 1229. Das Weihwasserbecken bei der Südpforte ist der berühmte »Bénitier à la Grenouille«. Der Legende

nach versteinerte der Frosch zur Strafe für sein störendes Quaken während einer Messe. Durch das Nordportal kommt man in die Crypte paléo-chrétienne (4. Jh.) mit sechs Sarkophagen. Einlaß durch den Küster.

Cathédrale St-Just

Mit dem Palais des Archevêques und dem Hôtel de Ville bildet die Kathedrale einen mächtigen, burgartigen Gebäudekomplex mitten in der Altstadt. Nach der Grundsteinlegung 1272 entstand als erstes der großartige Chor, mit 41 m einer der höchsten in Frankreich. Dem weiteren Bau widersetzten sich die Stadtväter, weil das die Zerstörung eines Teils der Stadtmauer bedeutet hätte. Trotzem entsteht nicht der Eindruck eines Stückwerks. Im Innern sind bedeutende Kunstwerke zu sehen: z.B. schönes Chorgestühl, eine prächtige Orgel und reiches Mobiliar in den Kapellen, Wandteppiche aus Aubusson, Gobelins des 17. und 19. Jhs. Prunkstück des *trésor*, des Kirchenschatzes, sind flämische Bildteppiche (15. Jh.), die die Schöpfung darstellen. Zugang rechts vom Chor, *tgl. 9.30–11.30 und 14–17.30 Uhr (Sommer).* Der Kreuzgang (14. Jh.) mit kunstvoll gearbeiteten Wasserspeiern schließt sich südlich an die Kathedrale an. Hier sieht man römische Ruinen.

Horreum

Die einst öffentlichen römischen Lagerräume nördlich der Kathedrale sind das einzige erhaltene Bauwerk der Antike in Narbonne. Es handelt sich um unterirdische Galerien, an die sich Zellen anschließen, in denen rö-

ROUSSILLON

mische Friese, Büsten, Masken und andere Funde ausgestellt sind. *Tgl. 10–11.50 Uhr und 14–17.15 Uhr*

Palais des Archevêques

Der Palast setzt sich aus Bauelementen verschiedener Epochen zusammen: dem Palais Vieux (12. Jh.), dem Palais Neuf (17. Jh.) und dem Donjon Gilles-Aycelin (12. Jh.). Im Palais Neuf sind das Musée Archéologique und das Musée d'Art et d'Histoire untergebracht. *Führungen Mitte Juni bis Ende Sept. tgl. 10, 14 und 16 Uhr*

MUSEEN

Musée Archéologique

Neben den Sammlungen zur Prähistorie sind vor allem die Funde aus römischer Zeit interessant, als Narbonne die wichtigste Hafenstadt der Provinz war. Im Palais des Archevêques untergebracht, *tgl. Mai–Ende Sept. 9.30 bis 12.15 und 14–18 Uhr*

Musée d'Art et d'Histoire

Auf die Säle der ehemaligen luxuriösen Wohnung der Erzbischöfe sind römische Mosaiken, Gemälde, kostbare Möbel und eine Sammlung Fayencen verteilt. *Tgl. wie oben*

Musée Lapidaire

In der ehemaligen Église Notre-Dame-de-la-Mourguié sind mehr als tausend Fundstücke aus römischer und späterer Zeit versammelt: Stelen, Büsten, Sarkophage und andere Steinmetzarbeiten. *Pl. Lamourguié, tgl. Juli, Aug. 9.30–12.15 und 14–18 Uhr*

RESTAURANTS

Alsace

Die Feinschmeckeradresse in Narbonne. Beste Produkte, ob

Die Kathedrale St-Just in Narbonne wurde nie vollendet

aus dem Meer oder von regionalen Produzenten, und die hohe Kunst des Küchenchefs garantieren den Erfolg. *2, av. Pierre-Sémard, Tel. 04 68 65 10 24, Kategorie 2*

Aux Trois Caves

In ehemaligen römischen Kellern wird nach allen Regeln bester okzitanischer Machart getafelt. *4, rue Benjamin-Crémieux, Tel. 04 68 65 28 60, Kategorie 2–3*

EINKAUFEN

Ein Einkaufsparadies ist die alte, schön restaurierte Markthalle *(Boulevard du Docteur-Ferroul, beim Pont de la Liberté),* wo Stände aller Art untergebracht sind. Donnerstags und sonntags ist auf der Promenade des Barques und dem Cours Mirabeau Markt.

HOTELS

France

Kleines, zentral gelegenes Hotel mit gutem Komfort. *14 Zi., behindertengerecht. 6, rue Rossini, Tel. 04 68 32 09 75, Fax 04 68 65 50 30, Kategorie 3*

Grand Hotel du Languedoc

Klassisches Hotel mit entsprechendem Zubehör: geräumige, komfortable Zimmer, Restaurant La Coupole, Pub/Piano-Bar, Billardsaal. *40 Zi., 22, bd. Gambetta, Tel. 04 68 65 14 74, Fax 04 68 65 81 48, Kategorie 2–3*

La Résidence

Nobel und besonders stilvoll eingerichtet ist dieses Hotel in einem alten Stadtpalais. Jeder Komfort. *26 Zi., 6, rue du 1er-Mai, Tel. 04 68 32 19 41, Fax 04 68 65 51 82, Kategorie 2*

AM ABEND

Die Jugend trifft sich in den Diskotheken *Anthinéus Sappho, 39, av. Bordeaux, Le Best, 21, quai Alsace,* oder *Le Théâtre, 64, av. Bordeaux*

AUSKUNFT

Office de Tourisme

Pl. Roger-Salengro, 11100 Narbonne, Tel. 04 68 65 15 60, Fax 04 68 65 59 12

ZIELE IN DER UMGEBUNG

Abbaye de Fontfroide   (113/F3)

★ In einem stillen Tal, eingerahmt von üppiger, mediterraner Vegetation, liegt die stattliche, 1093 gegründete Zisterzienserabtei. Ihre Blütezeit erlebte sie im 12. und 13. Jh., als sie zur reichsten Abtei im Languedoc, aber auch des gesamten Ordens wurde. Bei der fachkundigen Führung werden die wechselvolle Geschichte und die Funktion einer großen Abtei lebendig. Seit 1908 ist Fontfroide in Privatbesitz; es wurde vorbildlich instandgesetzt. Man besichtigt den schönen Kreuzgang, die große Abteikirche, den Keller, den Schlafsaal der Mönche und zum Abschluß einen prächtigen, Anfang der neunziger Jahre angelegten Rosengarten. *Nur Führungen tgl. 10. Juli–31. Aug. 9.30–18.30 Uhr, sonst 10–12 und 14–17 Uhr (im Winter bis 16 Uhr).* 15 km südwestlich von Narbonne

Bages   (113/F3)

Das Dorf mit kleinem Fischerhafen am Étang de Bages et de Sigean, 10 km südlich von Narbonne, ist ein noch erhaltenes Idyll an der so intensiv »erschlossenen« Küste. Folgt man der

ROUSSILLON

Straße Richtung Peyriac-de-Mer, bietet sich Gelegenheit, in der Wasserweite des Étang Flamingoschwärme zu beobachten. Rund 8 km südlich kommt man zur ★ *Réserve Africaine de Sigean.* Auf einem Gelände von mehr als 200 ha, das mit niedrigem Buschwerk und verdorrtem Gras fast wie afrikanische Steppe wirkt, sind viele, teils vom Aussterben bedrohte Wild-, Vogel- und Reptilienarten versammelt, darunter der tibetische Bär, das weiße Nashorn, Geparde, Löwen, Antilopen. *Tgl. 9–19 Uhr*

Canal de la Robine   (113/F2–3)

★ Ein besonderes Erlebnis ist die Fahrt auf dem Kanal von Narbonne nach Porte-la-Nouvelle, wobei ein Teil des Wasserwegs zwischen Étang de Bages und Étang de l'Ayrolle verläuft. *Abfahrt Narbonne, cours Mirabeau 10 Uhr, Ankunft Porte-la-Nouvelle 17 Uhr. Rückfahrt mit Bus 17.30 Uhr. Auskunft Tel. 04 68 90 63 98*

Gruissan/
Gruissan-Plage   (113/F3)

Kreisförmig ziehen sich die Häuser des alten, sehenswerten Fischerortes (2200 Ew) am gleichnamigen Étang um einen Felsen mit der Tour Barberousse, Überrest einer mittelalterlichen Burg. Für den Tourismus unserer Tage wurde ein Yachthafen gebaut und Gruissan-Plage erheblich erweitert. Um Überschwemmungen zu vermeiden, hat man die Ferienhäuser auf Pfähle gesetzt. 4 km nördlich, Richtung Chapelle Notre-Dame-des-Auzils, kommt man zum *Cimetière Marin,* einer Zypressenallee mit Stelen zum Andenken an die auf See verschollenen Seeleute. Von der

Kapelle auf der Anhöhe schöner Ausblick; im Innern Exvoto der Seeleute. 14 km südöstlich von Narbonne

Lézignan-Corbières   (113/E2)

Das Städtchen (7900 Ew.), 20 km westlich von Narbonne, ist Zentrum des Weinanbaus und -handels zwischen Minervois und Corbières. Sehr aufschlußreich ist ein Besuch des *Musée des Vignes et du Vin, Mo–Fr 8–12 und 14–18 Uhr*

Narbonne-Plage   (113/F3)

Kein Traumziel. Zwar ist der Strand kilometerlang, doch die neueren baulichen Zutaten lassen an Geschmacklosigkeit nichts zu wünschen übrig. Der Andrang ist indes beträchtlich und das Sportangebot groß: Tauchen, Segeln, Meeresangeln, Golf. Schön sind Ausflüge in die nahe, rund 215 m hohe Montagne de la Clape. 15 km östlich von Narbonne

PERPIGNAN

(113/E5) Auch die Hauptstadt (139 000 Ew.) des Roussillon ist mehr als nur eine Etappe an der Autobahn. Als Rivalin von Montpellier setzt Perpignan auf die katalanische Karte; bereits im 13. Jh. residierten hier die Könige von Mallorca, und erst 1659 wurde Perpignan mit dem Roussillon im Pyrenäenfrieden von Spanien an Frankreich abgetreten. Bis heute hat sich die Stadt ihre katalanische Eigenart bewahrt. Beim Bummel durch die Gassen der Altstadt, beim Espresso oder Café au lait auf palmengesäumten Plätzen oder bei der abendlichen Einkehr in einer *casa* oder *bodega* mit katalanischer Speisekarte fühlt man sich fast schon jenseits

Südlicher Flair herrscht in Perpignan, Hauptstadt des Roussillon

der Grenze: Das spanische Katalonien liegt gerade mal dreißig Kilometer entfernt. Rund zehn Kilometer sind's einerseits zu den nächsten Stränden am Mittelmeer, andererseits liegen schöne Ziele zu Füßen der nahen Pyrenäen.

BESICHTIGUNGEN

Campo Santo
Einer der ältesten mittelalterlichen Friedhöfe Frankreichs. Er bildet mit seinen restaurierten gotischen Arkaden, den Grabnischen der reichen Familien von Perpignan und der weiten Rasenfläche einen schönen Ort der Ruhe mitten in der Stadt. *Pl. Gambetta, südlich bei der Kathedrale St-Jean, tgl. außer Sa und So 8–12 und 14.30–17 Uhr*

Castillet
Der Backsteinbau (14. Jh.) mit seinen beiden Türmen war Teil von Stadtbefestigung und Stadttor. Vom 👁 Turm hat man einen schönen Blick auf Stadt und Umgebung. Im Innern befindet sich die *Casa Pairal,* ein interessantes Museum.

Cathédrale St-Jean
Gilt als einer der schönsten gotischen Kirchenbauten des Mittelmeerraums. Begonnen 1324, wurde die Kathedrale erst 1509 geweiht. Romanisch ist ein Christusportal aus Marmor. Eindrucksvolle 48 m mißt das einzige Schiff. In den zahlreichen Kapellen sieht man schöne Altarblätter. *Place Gambetta*

Église St-Jacques
Die Kirche ist rein katalanisch, erbaut Anfang des 13. Jhs., im 14. Jh. rekonstruiert, und reich mit mittelalterlichen Statuen und anderen Kunstwerken ausgestattet. Neben der Kirche liegt auf den alten Stadtwällen aus Backstein der *Jardin de la Mirande, tgl. 8–12 und 14–18 Uhr*

Loge de Mer
Im Herzen der Altstadt gelegener, schöner gotischer Bau (1397), einst Seegericht, heute brutal zweckentfremdet als Sitz

ROUSSILLON

eines Fast-food-Etablissements! Das angrenzende Hôtel de Ville (Rathaus) hat einen schönen Arkadenhof mit einer bedeutenden Skulptur von Aristide Maillol: »La Méditerranée«.

Palais des Rois de Majorque

Die sternförmige Zitadelle mit ihren mächtigen Bastionen, gekrönt vom ehemaligen Palast der mallorquinischen Könige, ist die wichtigste Sehenswürdigkeit von Perpignan. Zuerst wurde im 13. Jh. auf dem Hügel Puig del Rey der Palast erbaut, das Bollwerk ringsum entstand nach der französischen Besetzung. Die Cour d'Honneur läßt am ehesten die einstige Pracht der Residenz erahnen. Im übrigen ist der strenge Palast so gut wie leer. Vom Turm hat man einen weiten Blick über die Stadt bis zu den Pyrenäen. In den schmucklosen Räumen (genutzt zu wechselnden Kunstausstellungen) sind nur der monumentale Kamin in der Salle de Majorque und bemalte Decken in den Wohngemächern der Königin erhalten. *Tgl. 10 bis 18 Uhr (Sommer), 9–18 Uhr (Winter)*

MUSEEN

Musée Catalan des Arts et Traditions Populaires Casa Pairal

Das reich bestückte Museum im Castillet ist der katalanischen Kunst und dem Kunsthandwerk gewidmet: Sammlung alter Möbel und Trachten, religiöse Kunst u. a. *Pl. de la Victoire, tgl. außer Di 9.30–19 Uhr (Sommer), sonst 9 bis 18 Uhr*

Musée Hyacinthe-Rigaud

Neben den Gemälden des berühmten Porträtisten in seiner Zeit, Hyacinthe Rigaud (1659 bis 1743) aus Perpignan, umfassen die Sammlungen Werke von Raoul Dufy, Pablo Picasso, Aristide Maillol u. a. sowie katalanischer und südamerikanischer Künstler. *Hôtel de Lazerme, 16, rue de l'Ange, tgl. außer Di 9.30–12 und 14.30 bis 19 Uhr (Sommer), sonst 9–12 und 14–18 Uhr*

RESTAURANTS

Can Marti

Katalanische Spezialitäten wie *anchois à la catalane, escudella* (Fleischeintopf), *poulet à la catalane,* verschiedene *tapas* und dazu ein frischer Côtes du Roussillon werden in gepflegtlockerem Ambiente serviert. *Pl. de Verdun (beim Castillet), Tel. 04 68 34 45 60, Kategorie 2–3*

Casa Sansa

★ Der Name deutet es an: Man meint, in Spanien zu sein. Im großen Saal sorgen die Einheimischen, der Wirt und die ausgezeichnete katalanische Küche für genußfreudige, laute Stimmung. An manchen Abenden herrscht Fiestalaune bei Livemusik. *3, rue Fabriques-Couvertes (nahe Castillet), Tel. 04 68 34 21 84, Kategorie 3*

Opéra Bouffe

»Xup Xup de marises amb maudon guilles« ist eine der katalanischen Spezialitäten dieses sympathischen Restaurants. Sie besteht aus einer ganzen Palette von Köstlichkeiten: Gambas, Schalentiere, Langusten, Fleischbällchen u. a. *Impasse de la Division (zwischen pl. de la Division und pl. de la Loge), Tel. 04 68 34 83 83, Kategorie 2–3*

HOTELS

La Loge
Zentral in der Altstadt, aber ruhig, liegt das stilvoll katalanische Hotel mit Brunnen im Patio und hübschen, komfortablen Zimmern. *22 Zi., 1, rue des Fabriques d'En Nabott, Tel. 04 68 34 41 02, Fax 04 68 34 25 13, Kategorie 2–3*

Park Hotel
Das gepflegte, renommierte Hotel liegt schön beim Park, der sich am Boulevard Jean-Bourrat hinzieht. Eine erste Adresse ist sein Restaurant *Chapon Fin*, dessen Küche zu den besten der Stadt gezählt wird. *67 Zi., 18, bd. Jean-Bourrat, Tel. 04 68 35 14 14, Fax 04 68 35 48 18, Kategorie 1–2*

Villa Duflot
Hier wohnt man traumhaft: Die wunderschöne Villa in mediterranem Stil liegt in einer grünen Oase, hat reizend möblierte, große Zimmer, luxuriöse Bäder und einem Swimmingpool. Feine Küche. *24 Zi., 109, av. Victor-Dalbiez, Tel. 04 68 56 67 67, Fax 04 68 56 54 05, Kategorie 1*

AUSKUNFT

Office de Tourisme
Pl. Armand-Lanoux, 66000 Perpignan, Tel. 04 68 66 30 30, Fax 04 68 66 30 26

ZIELE IN DER UMGEBUNG

Château d'Aguilar (113/E4)
Nach dem Besuch von Tautavel lohnt sich ein Abstecher zur 3 km östlich von Tuchan gelegenen Burgruine. Auf 296 m hohem Felsen sind sechs Rundtürme der Umfassungsmauer, Reste des Donjon mit Zisterne und die guterhaltene romanische Kapelle Ste-Anne außerhalb der Mauern zu sehen. Bertrand d'Aguilar schlug sich auf die Seite der Katharer, 1260 ging die Burg in den Besitz der französischen Krone über und diente als Grenzfeste zum Königreich Aragon. *Frei zugänglich.* Rund 35 km nordwestlich von Perpignan

Bélesta (113/D5)
Das auf einem Felsen im Meer der Reben gelegene Dorf hat ein hochinteressantes Museum der Vorgeschichte im Schloß aus dem 13. Jh. Die reichen Funde stammen von Grabstätten in der Nähe. *Tgl. 10–19 Uhr (Sommer), sonst 10–12 und 14–18 Uhr.* 37 km westlich von Perpignan

Canet-Plage (113/F5)
Nahe Perpignan gelegenes, großes Seebad mit vielen Attraktionen: lebhafter Segelhafen mit Wassersportclubs, Kasino und diversen guten Museen wie *L'Aquarium (im Sommer tgl. 10–20 Uhr), Musée de l'Auto und Musée du Bateau (beide im Sommer tgl. 10.30 bis 12.30 und 14.30–18.30 Uhr), Musée du Jouet (im Sommer tgl. 10–20 Uhr).* – Hotel: *Althéa, 48 Zi., 120, promenade Côte Vermeille, Tel. 04 68 80 28 59, Fax 04 68 73 37 27, Kategorie 2*

Castelnou (113/E5)
Ein mittelalterliches Bilderbuchdorf mit der ältesten Burg (um 990 begonnen, im 19. Jh. restauriert) des Roussillon *(im Sommer tgl. 10–20 Uhr).* 18 km südwestlich von Perpignan

Ermitage de Forca Réal (113/E5)
Die Anfahrt zur 507 m hoch gelegenen ☄ Kapelle aus dem

ROUSSILLON

17. Jh. lohnt sich vor allem wegen der grandiosen Aussicht weit über die Ebene bis zur Mittelmeerküste und zum Canigou. Rund 35 km westlich von Perpignan

Ille-sur-Têt (113/D5)
Das sympathische Städtchen mit seinen schmalen, mittelalterlichen Gassen wird vom viereckigen Glockenturm der Kirche St-Étienne-del-Pradaguet (14. Jh.) überragt. Unbedingt einen Besuch lohnt das überaus reich mit sakraler Kunst bestückte ★ Centre d'Arts Sacrés, in dem auch interessante wechselnde Ausstellungen zu sehen sind *(im Sommer tgl. 10–12 und 14–19 Uhr, sonst tgl. außer Di 10–12 und 15–18 Uhr).* – Nahe am Ortsausgang ist nordöstlich das Naturwunder Les Orgues zu bewundern: Felssäulen wie überdimensionale Orgelpfeifen oder Schornsteine. Ein besonders großer Schlot heißt »La Sibylle«. *Tgl. Mai–Sept. 9–20 Uhr.* 26 km westlich von Perpignan

Leucate-Plage (113/F4)
Geballtes Strandvergnügen konzentriert sich auf den Küstenabschnitt zwischen Cap Leucate und Port-Barcarès, an der Flanke des Étang de Leucate. Leucate selbst ist ein altes Dorf, Leucate-Plage der moderne Ableger am Meer, wo der Sandstrand sich südwärts hinzieht, soweit das Auge reicht. Der neuangelegte Freizeithafen Port-Leucate ist eine Hochburg des Wassersports: Wasserski, Segelsurfen, Segeln, Tauchen. Neben dem Tourismus sind Austern- und Crevettenzucht von Bedeutung. Das *Centre Ostréicole* (Zentrum der Austernzucht) ist zu besichtigen. – Hotel: *Jouve, 7 Zi., bd. Front de Mer, Tel. 04 68 40 02 77, Fax 04 68 40 03 60, Kategorie 2.* 32 km nördlich von Perpignan

Château de Peyrepertuse (113/D4)
★ Der Anstieg, erst im Auto, dann zu Fuß, zu der 796 m hoch gelegenen Burganlage ist atemraubend. Die größte Burg im *pays*

Das Château de Peyrepertuse diente verfolgten Katharern als Schutzburg

cathare erstreckt sich über neun Hektar und gleicht mit ihren fast zweieinhalb Kilometer langen Mauern eher einer Stadt auf schroffem Fels. Sie lag im 12. Jh. im Machtbereich des Königs von Aragon und wurde deshalb vom Kreuzzug gegen die Katharer nicht betroffen. Erst als sich 1240 mehrere Ketzerherren hierher flüchteten, wurde die Burg belagert, und Guilhem de Peyrepertuse ergab sich dem französischen König, der die Burg weiter ausbauen ließ. Sie besteht aus drei Teilen: untere und mittlere Befestigungsmauern sowie Donjon Sant Jordy oder Château St-Georges. Gegenüber dem einzigen Eingang zur Burg liegt die romanische Kirche Ste-Marie. Daneben steht der alte Donjon bei der Cour Basse. Der mittlere Teil der Burg wird durch einen Wachtturm *(tour de guet)* gesichert. Zum obersten Teil der Burg steigt man über die in den Fels gehauene Escalier de St-Louis, eine Treppe, die Ludwig der Heilige um 1242 anlegen ließ. An den Donjon des Château St-Georges ist die Kapelle ◣◢ Sant Jordy gebaut. Mit 796 m ist dies der höchste Punkt von Peyrepertuse, von hier reicht der Blick bis zum Mittelmeer. *Tgl. Ostern–Oktober 10–19 Uhr.* 47 km nordwestlich von Perpignan

Port-Barcarès   (113/F4)
Fast nahtlos hängt der Retorten-Badeort mit Port-Leucate zusammen. Auch hier wird Wassersport groß geschrieben. Schön sind Spaziergänge im Park. Die Hauptattraktion heißt »Lydia«, und ist ein absichtlich auf Sand gesetzter Dampfer mit Restaurant, Casino und Nachtclub. – Hotel: *De la Plage, 30 Zi., Tel.*

04 68 86 13 84, Fax 04 68 80 36 26, Kategorie 2–3. 25 km nördlich

Château de Quéribus   (113/E4)
Am Weg nach Peyrepertuse liegt ◣◢ Château de Quéribus wie ein Adlernest auf steilem, 728 m hohem Fels. Die Burg wurde nach dem Fall von Montségur 1255 als letzte katharische Bastion nach kurzer Belagerung gegen freies Geleit übergeben. Nach umfangreichem Ausbau diente sie dem französischen König zur Sicherung des Roussillon und der Grenze nach Aragon. Quéribus besteht aus drei übereinander gelegenen Befestigungen. Kernstück ist der mächtige Donjon mit einem schönen gotischen Gewölbesaal und zentralem Pfeiler. Auch diese Burg wurde im Laufe der Zeit, vom 12. bis 16. Jh., stark ausgebaut. Erst nach dem Pyrenäenfrieden (1659) verlor Quéribus seine Bedeutung. Phantastischer Fernblick. *Tgl. April–Okt. 10–18 Uhr.* 38 km nordwestlich von Perpignan

Fort Salses   (113/E4)
Das im 15. Jh. erbaute Fort erinnert an die Zeit, als Frankreich und Spanien um das Roussillon kämpften. Bauherr der gewaltigen Anlage war Ferdinand d'Aragon, 1639 bis 1642 stand sie im Mittelpunkt der Auseinandersetzungen. Mit dem Fall von Perpignan ergab sich der Gouverneur von Salses, und die Spanier zogen ab. Die gut erhaltene, genial konzipierte Festung lohnt sehr einen Besuch. Bei der Führung wird außer militärtechnischen Einrichtungen auch der für seine Zeit überaus moderne Wohnkomfort gezeigt: Sauna, WC, Kühlanlagen u.a. *Tgl. im*

ROUSSILLON

Sommer 9–18.30 Uhr, Nebensaison 9.30–12 und 14–18 Uhr, Winter 10–12 und 14–18 Uhr. 14 km nördlich von Perpignan

St-Cyprien-Plage (113/F5)
Wann ist die Grenze der Ausbaufähigkeit erreicht? An der neueren Marina stehen bis zu zehn Stockwerke hohe Appartementhäuser, Hunderte von Yachten liegen an den Stegen. Die Palette der Sportangebote ist groß: 27-Loch-Golfplatz, Squash, Badminton, Segeln, Wasserski. – Hotel: *Les Mas d'Huston, behindertengerecht, 50 Zi., Golf St-Cyprien, Tel. 04 68 37 63 63, Fax 04 68 37 64 64, Kategorie 1.* 20 km südöstlich

Tautavel (113/E4)
★ Die Hochburg der Vorgeschichte im Roussillon macht mit dem 450 000 Jahre alten »Homme de Tautavel« bekannt, dessen Schädel- und Skelettreste 1971 und 1979 in der Grotte Caune de l'Arago gefunden wurden. Das *Musée de Tautavel, Centre Européen de Préhistoire,* bringt dem Besucher mit moderner Technik das Leben in der Ebene des Roussillon zwischen 700 000 und 100 000 v. Chr. nahe – samt der Nachbildung der Caune de l'Arago und dem Skelett des rund 1,65 m großen Homme de Tautavel. *Tgl. Sommer 9–21 Uhr, sonst 10–19 Uhr, im Winter 10–12.30 und 14–18 Uhr.* 30 km nordwestlich

Thuir (113/E5)
Eine Million Liter faßt das »größte Eichenfaß der Welt« der Firma Byrrh in der Metropole des Aperitifs. Beim Besuch der *caves* werden weitere 800 Eichenfässer gezeigt, ehe man zur Probe der Produkte einlädt. *Tgl. im Som-*

mer 10–11.45 und 14–18.45 Uhr, Vor- und Nachsaison 9–11.45 und 14.30–17.45 Uhr. 15 km südwestlich von Perpignan

PRADES

(**113/D5**) Das Städtchen (6000 Ew.) am Fuß des Canigou ist das geeignete Standquartier für Ausflüge in die Gegend und auf den »Fudschijama des Roussillon«. Ende Juli bis Mitte August pilgern zudem die Musikfreunde aus aller Welt in den hübschen Ort beziehungsweise die benachbarte Abbaye St-Michel-de-Cuxa. Seit 1950 der große Cellist Pablo Casals (1876–1973) Prades während der Franco-Diktatur als Exil wählte und die größten Solisten ihrer Zeit wie Yehudi Menuhin und Isaak Stern hier musizierten, ist Prades zu einem Begriff in der Musikwelt geworden.

BESICHTIGUNGEN

Église St-Pierre
Die Altstadt wird vom imposanten Glockenturm der Kirche überragt. Man erbaute ihn im 12. Jh. aus dem heimischen Marmor des Conflent. Im Innern prunkt ein herrlicher Barockaltar des großen katalanischen Bildhauers Joseph Sunyer. Unter den anderen Kunstwerken verdienen besonders eine Pieta links neben dem Eingang und ein schwarzer Christus aus dem 16. Jh. im linken Seitenarm des Querschiffs Beachtung.

MUSEUM

Musée Municipal
Ein Saal ist dem weltberühmten Cellisten Pablo Casals gewidmet,

der viele Jahre während seines Exils in Prades lebte und 1950 in der Kirche St-Pierre zum zweihundertsten Todestag von Bach ein großes Festival organisierte. In den anderen Sälen sind Gemälde des Malers Martion Vives aus dem Roussillon und archäologische und folkloristische katalanische Sammlungen untergebracht. *4, rue Victor-Hugo. Im Sommer tgl. außer So 9–12, 14–18 Uhr*

RESTAURANTS

Auberge des Deux Abbayes
Auf der Sommerterrasse genießt man die herzhafte Küche der Region, dazu einen guten Tropfen des Roussillon. *In Taurinya, 5 km östlich von Prades, Tel. 04 68 96 49 53, Kategorie 2–3*

L'Hostale de Nogerols
Katalanische Spezialitäten wie *anchoïade de Collioure* oder *magret au Banyuls* werden entweder im feinen Speisesaal oder im Garten serviert. *Chemin de Nogerols, route St-Michel-de-Cuxa, Tel. 04 68 96 24 57, Kategorie 2*

HOTELS

Hexagone
Modern, mit gutem Komfort und Restaurant (abends) nur für Hotelgäste. *Behindertengerecht. 30 Zi., Rond Point Plaine St-Martin, Tel. 04 68 05 31 31, Fax 04 68 05 24 89, Kategorie 2*

Pradotel
Im Hotelgarten gibt es einen Swimmingpool. Die 39 Zimmer sind komfortabel. *Behindertengerecht. Av. Festival, La Rocade, Tel. 04 68 05 22 66, Fax 04 68 05 23 22, Kategorie 2*

AUSKUNFT

Office de Tourisme
4, rue Victor-Hugo, 66500 Prades, Tel. 04 68 96 27 58, Fax 04 68 96 50 95

ZIELE IN DER UMGEBUNG

Abbaye Saint-Martin-du-Canigou (113/D6)
Das Ensemble der Klosterbauten auf 1094 m Höhe vor dem Schneegipfel des Canigou ist hinreißend. Der steile Anstieg vom Dorf Casteil (2 Std. hin und zurück) in einer herrlichen Bergwelt bereitet angemessen auf die Begegnung vor. St-Martin-du-Canigou wurde 1001 von Guifred, dem Grafen von Cerdagne, gegründet. Er zog sich in die spartanische Abtei zurück und starb hier 1049. Man kann beim Glockenturm noch die Felsmulden sehen, die er sich selbst und seiner Frau für die letzte Ruhe gegraben haben soll. Im 15. Jh. zerstörte ein Erdbeben die Abtei, die im 20. Jh. weitgehend wieder aufgebaut wurde. Nach der Besichtigung empfiehlt sich der Aufstieg rechter Hand über eine Treppe durch den Wald zu einem Felsvorsprung, von wo man die gesamte Anlage mit den Bergen im Hintergrund vor sich hat. *März–Nov. Mo–Sa die volle Stunde 14–17 Uhr, im Juli, Aug. auch 18 und 18.30 Uhr, So 10, 11 und 12 Uhr; Nov.–März Mo–Sa 14, 15 und 16 Uhr, So 11 und 12 Uhr. 12 km südlich von Prades*

Abbaye Saint-Michel-de-Cuxa (113/D5)
Das uralte Kloster war bereits in vorromanischer Zeit ein kultureller Mittelpunkt des Roussillon.

ROUSSILLON

Die Kirche wurde 974 geweiht; zahlreiche bedeutende Männer ihrer Zeit, darunter der Doge von Venedig, suchten hier innere Einkehr. In der Revolution wurde das Kloster verkauft, seine Kunstschätze verschleudert. 1907 konnte ein amerikanischer Bildhauer einen großen Teil der Kapitelle wiederfinden und aufkaufen; 1925 erwarb sie das Metropolitain Museum, New York, für eine Rekonstruktion des Klosters von Cuxa, die außerhalb der Stadt am Ufer des Hudson steht. Alljährlich Ende Juli bis Mitte Aug. findet in der Abbaye das in der Musikwelt berühmte Festival Pablo Casals statt. *Tgl. Ostern bis Nov. 9.30–12 und 14–18, übrige Zeit bis 17 Uhr. 3 km südlich von Prades*

Andorra   (112/A5–6)

Das an den südwestlichsten Zipfel des Roussillon angrenzende Zwergfürstentum (62 000 Ew., 464 km²) ist über die N320/ N 22 erreichbar, die in engen Schleifen auf eine Höhe von über tausend Meter ansteigt. Hauptvergnügen vieler Besucher ist der von weitgehender Zollfreiheit begünstigte Einkauf. Das Bergländchen ist aber auch ein vielbesuchtes Skigebiet, und in den Seitentälern entdeckt man urtümliche Dörfer. – Restaurant: *Celler d'En Toni, rue Verge del Pilar 4, Tel. 376 82 12 52, Kategorie 2–3;* Hotels: *Font del Marge, Baixada del Moli, 42 Zi., Tel. 376 82 34 43, Fax 376 82 31 82, Kategorie 2–3; Président, Av. Santa Coloma, 88 Zi., Tel. 376 82 29 22, Fax 376 86 14 14, Kategorie 2.* Auskunft: *Office de Tourisme, Andorre-la-Vieille, rue du Docteur-Vilanova, Tel. 376 82 02 14, Fax 376 82 58 23*

Canigou   (113/D6)

★ Mit seinen 2784 m ist der Canigou zwar keineswegs der höchste Berg der französischen Pyrenäen (das ist der Vignemale mit 3298 m), sein stolzes Profil und die ganzjährige Schneekappe haben ihm jedoch den Beinamen »Fudschijama des Roussillon« eingebracht. Nur zwei Forstwege führen bis in Gipfelnähe, von denen einer für normale Pkw nicht befahrbar ist; man kann aber von Prades aus mit Geländewagen bis zum Chalet-Hôtel des Cortalets fahren, von wo es bis zum Gipfel rund 1¹/₂ Stunden zu Fuß sind. 23 km südlich von Prades

Eus   (113/D5)

Ein wegen seiner Schönheit und Lage vielbesuchtes Dorf. Aus seinen übereinander gestaffelten Häusern ragen die im 18 Jh. erbaute Église haute und die tiefer gelegene romanische Kapelle St-Vincent hervor. Einige Reste der alten Wehranlage bei der oberen Kirche sind erhalten. Schöner Blick auf den Canigou. 6 km nordöstlich von Prades

Font-Romeu   (112/B5)

Auf einer Höhe von 1800 m gelegen, ist der Ort aus der Retorte (um 1920 geschaffen) eins der wichtigsten Skiziele der französischen Pyrenäen und wird wegen seines ausgezeichneten Klimas ganzjährig besucht. Außer der Besichtigung der Ermitage, einem bedeutenden Wallfahrtsziel der Pyrenäen, und dem nahen ❧ Calvaire lohnt sich ein Besuch des *Four solaire* (Sonnenofen) im 3 km südlich gelegenen Odeillon. Dieser größte Sonnenofen der Welt hat eine Leistung von eintausend Kilowattstunden

Der größte Sonnenofen der Welt bei Font-Romeu lohnt einen Besuch

mit Temperaturen über dreitausend Grad Celsius und dient den Wissenschaftlern zur Erforschung keramischer und metallurgischer Stoffe bei extremen Temperaturen. In einer Ausstellung erfährt man alles Wissenswerte über Sonnenenergie und die Arbeit des Forschungszentrums. *Tgl. im Sommer 10–12.30 und 13.30–20.30 Uhr, sonst außer Mitte Nov.–Mitte Dez. bis 17.30 Uhr.* 45 km westlich von Prades

Mont-Louis (112/C5)
Der Festungsort (200 Ew.) liegt auf einer Höhe von 1600 m und gilt als höchster befestigter Platz Frankreichs. Unter Vauban wurden 1679 die Bastionen erbaut, um die neue Grenze zwischen Spanien und Frankreich nach dem Pyrenäenfrieden zu sichern. Die Garnison wird teilweise noch militärisch genutzt. 1949 wurde hier der erste experimentelle *four solaire* (Sonnenofen) der Welt errichtet. Nach Renovierung und Erwerb durch die Gemeinde produziert er seit 1993 Strom. *Bd. Vauban, tgl. im Sommer 10–12 und 14–18 Uhr.* 36 km westlich von Prades

Prieuré de Serrabone (113/D5)
★ Ein stiller Ort der Einkehr ist dieses kleine Kloster. Es wurde im 11. Jh. von Augustinern gegründet, die hier im kargen, von der Sonne ausgedörrten Hügelland der Aspres wie die Eremiten lebten. Die Askese hinderte sie nicht, die besten Bildhauer und Steinmetze des Roussillon zu engagieren, die aus Serrabone eine Perle der Romanik machten. Vorbei an den prächtigen Kapitellen der säulengeschmückten Südgalerie (12. Jh.) betritt man die aus großen Schieferblöcken errichtete Kirche. Sie birgt ein Kunstwerk von hohem Rang: die reich geschmückte, säulengetragene Tribüne aus rosa Marmor mit herrlichen Kapitellen. Die Formenvielfalt ist überwältigend: Neben Greif, Adler und Löwe sieht man Engel und Monstren in

ROUSSILLON

der Darstellung der Apokalypse, sozusagen eingewoben in die ornamentalen, floralen Ziselierungen in Stein, die an die Seidenwirkereien sassanidischer Tradition denken lassen. Nach dem Besuch der Prieuré sollte man durch den botanischen Garten schlendern und den würzigen Duft der Kräuter und Pflanzen einatmen. *Tgl. außer feiertags 10–18 Uhr.* 26 km östlich von Prades

Vernet-les-Bains (113/D5)

Schön ist der Anblick des Dorfes (1500 Ew.) mit dem weißleuchtenden Canigou im Hintergrund. Im neueren Ortsteil liegt das kleine Kurzentrum mit Thermalquelle. Das alte Vernet ist ein Gebirgsdorf mit steilen Gäßchen und der hoch gelegenen Église St-Saturnin (12. Jh.), daneben eine wiederaufgebaute Burg mit zinnengekröntem ❖ Turm. 12 km südwestlich von Prades

Villefranche-de-Conflent (113/D5)

Der militärische Zweck hat dem Ort (260 Ew.) am Zusammenfluß von Têt und Cady den Stempel aufgedrückt. Hohe Mauern und Bastionen geben von außen den Eindruck einer Festung. Im Innern findet man ein reizendes Ministädtchen mit Plätzen und Gassen, in denen Kunsthandwerker ihre Läden haben. Lange war die 1090 vom Grafen der Cerdagne gegründete Stadt das wirtschaftliche Zentrum der Region, woran stattliche Wohnhäuser erinnern. Die imposanten Wälle *(remparts)* sind zu besichtigen *(im Sommer tgl. 10–19.30 Uhr).* Sehenswert auch die stattliche Kirche St-Jacques (12. und 13. Jh.) mit einer Fassade aus rosa Marmor, der

auch viel bei der Innenausstattung verwendet wurde. Über dem Ort thront Fort Liberia, eine Verteidigungsanlage, die Vauban 1679 errichtete. Man erreicht sie per Pendelbus von Villefranche. *Tgl. außer Mo 9–18 Uhr.* 6 km südwestlich von Prades

QUILLAN

(112/C4) Das lebendige Städtchen (3800 Ew.) am Schnittpunkt wichtiger Straßen ins Capcir, in die Cerdagne, ins Fenouillèdes und nach Spanien ist ein günstig gelegenes Standquartier für Ausflüge zu den westlichen Katharerburgen, mit Montségur als Höhepunkt, und in das waldreiche Pyrenäenvorland mit Wildbächen in einsamen Schluchten, Engpässen *(défilés)* und Grotten.

BESICHTIGUNG

Am rechten Ufer des Aude liegen die verlassenen Ruinen einer Burg aus dem 13. Jh. Beim Kreuzzug gegen die Katharer gab Simon de Montfort sie einem seiner Hauptleute. Nach Einäscherung durch die Hugenotten und Wiederaufbau 1628 für den Erzbischof von Narbonne wurde die Burg 1735 geschleift und während der Revolution von der Stadt erworben.

RESTAURANT

La Chaumière

Das Restaurant des zentral gelegenen Hotels mit 18 komfortablen Zimmern bietet eine gediegene Küche; man kann auch auf der Terrasse speisen. *25, bd. Charles-de-Gaulle, Tel. 04 68 20 17 90, Fax 04 68 20 13 55, Kategorie 2–3*

HOTELS

Hôtel Cartier
Stattliches, traditionsreiches Haus im Stil des Region. Die Zimmer sind auf dem neuesten Stand, die Küche des Restaurants »Les 3 Quilles« stellt auch verwöhnte Gaumen zufrieden. *30 Zi., 31, bd. Charles-de-Gaulle, Tel. 04 68 20 05 14, Fax 04 68 20 22 57, Kategorie 2–3*

La Pierre Lys
Kleines, nettes Familienhotel am Ufer des Aude mit komfortablen Zimmern und guter Küche. *16 Zi., av. de Carcassonne, Tel. 04 68 20 08 65, Fax 04 68 20 11 56, Kategorie 2–3*

AUSKUNFT

Office de Tourisme
Pl. de la Gare, 11500 Quillan, Tel. 04 68 20 07 78, Fax 04 68 20 04 91

ZIELE IN DER UMGEBUNG

Alet-les-Bains   (112/C3)
In dem Städtchen (450 Ew.), das im Mittelalter ein bedeutender Bischofssitz war, erinnert unter anderem die Ruine der Kathedrale an die große Vergangenheit. In den Religionskriegen wurde sie zerstört und nie wieder aufgebaut. Aber auch die stattlichen Überreste lohnen eine Besichtigung *(Mitte Juni–Mitte Sept. tgl. 10–12 und 15–18 Uhr).* 20 km nördlich von Quillan

Gorges de la Pierre-Lys   (112/C4)
Dies ist eine besonders schöne und wilde Schlucht. Die Passage durch den Fels wurde im Jahre 1777 unter aktiver Teilnahme des Abbé Félix Armand aus Quillan geschaffen. Man nennt sie Trou du Curé, Loch des Pfarrers. 7 km südöstlich von Quillan

Gorges de l'Aude/Capcir   (112/C4–5)
Von der D 117 zwischen Quillan und St-Paul-de-Fenouillet zweigt die D 118 ab, die südwärts durch die Haute-Vallée de l'Aude und das Hochplateau Capcir bis Mont-Louis führt. Eine schöne Strecke, die zuerst durch die engen, von hohen Felsen eingerahmten Gorges St-Georges, dann durch die wilden Gorges de l'Aude führt, die es zwar nicht mit den Gorges du Tarn aufnehmen können, dafür aber weniger touristisch sind. Das gilt ebenfalls fürs Capcir, mit seinen einsamen Tälern, schönen Wäldern und ursprünglichen Dörfern. Ein herrliches, wenig bekanntes Wandergebiet. 30–50 km südlich von Quillan

Limoux   (112/C3)
Der starke Durchgangsverkehr sollte Sie nicht davon abhalten, in dem Städtchen (9500 Ew.) Halt zu machen. Hier lohnt das »Grand Spectacle Historique des Temps Cathares«, das ==Catha-Rama== *(47, av. Fabre d'Eglantine, RN 113, tgl. im Sommer 10.30 bis 19 Uhr, sonst 10.30–12 und 14 bis 18 Uhr)* unbedingt einen Besuch. Mit ausgefeilter audiovisueller Technik erlebt man in 30 Minuten das Drama der Katharer – eine lehrreiche Ergänzung vor oder nach dem Besuch ihrer Burgen. Ein Bummel durch die Gäßchen um die Kirche St-Martin und am Ufer des Aude lohnt sich ebenfalls. 27 km nördlich von Quillan

ROUSSILLON

Montségur (112/B4)

Mit der am meisten genannten und beschriebenen Burg der Katharer ist der Mythos der Sekte aufs engste verbunden. In diesem letzten Zentrum des Widerstands, ihrer heimlichen »Hauptstadt«, hielten die Katharer zehn Monate lang einem katholischen Heer von rund zehntausend Mann stand, ehe die Feste fiel. Über zweihundert Katharer, die nicht ihrem Glauben abschwören wollten, wurden am 16. März 1244 auf einem riesigen Scheiterhaufen unterhalb der Burg verbrannt. Ein Gedenkstein am Zugangspfad markiert die Stelle des Scheiterhaufens. Der schweißtreibende Aufstieg zur Burg auf dem 1215 m hohen *pog* (okzitanisch für Gipfel) dauert rund eine halbe Stunde. Die Reste der Burg stammen – bis auf den demolierten Donjon – nicht aus der Katharerzeit, sondern von dem Bau, den Ludwig der Heilige nach der Einnahme errichten ließ. Vorher war Montségur eine von Mauern umgebene Stadt auf dem Berg, bewacht vom Donjon. Grundmauern von Häusern, die auch in der dritten Ausbauphase zu Beginn des 14. Jhs. errichtet wurden, sind teilweise an der Ostflanke vor der Burgmauer zu sehen. – Ergänzend sei das kleine Museum im Dorf Montségur empfohlen. Fundstücke aus der Burg sowie ein Modell nebst Dokumentation runden den Besuch ab. *März–Nov. tgl. 10–13 u. 14–19 Uhr.* 40 km westlich von Quillan

Château de Puilaurens (112/C4)

Immer noch strahlt die Burgruine geballte Wehrhaftigkeit aus: Auf 700 m hohem Fels gelegen, mit Türmen und hohen Mauern auf steil abfallendem Fels, war die Burg praktisch uneinnehmbar. Sie sicherte die Grenze mit Aragon und diente im Kreuzzug gegen die Katharer einigen *bonshommes* und enteigneten *seigneurs,* darunter Guilhem de Peyrepertuse, als Zufluchtsort. 1250 wurde sie Besitz der französischen Krone. *März bis Nov. tgl. 9–19 Uhr*

Château de Puivert (112/C4)

★ Das »Château des Troubadours«, wie wir es heute sehen, entstand wie die anderen Katharerburgen erst nach dem Kreuzzug. Simon de Montfort hatte es bei der Einnahme von Puivert in weniger als drei Tagen mit einer weit einfacheren Anlage zu tun. Umgeben von der Mauer mit sechs Türmen, erstreckt sich vom Torturm bis zum Donjon der 80 m lange und 40 m breite Hof. Im 32 m hohen Donjon erklingt im Sommer Musik vom Band aus der Zeit der Troubadoure. Über dem Chapelle genannten Saal liegt der Saal der Musikanten, so genannt nach den Figuren von Musikanten an den Voluten, die Dudelsack, Viola, Laute, Tambourin, Drehorgel, Triangel und andere Instrumente spielen.

Puivert ist eher ein Schloß als eine Burg gewesen. Allerdings ist nicht erwiesen, ob dies tatsächlich ein »Liebeshof« war oder ob sich literarische Quellen auf Schloß Puivert d'Agramunt in Katalonien bezogen. Wie dem auch sei: Im Dorf Puivert gibt es das *Musée du Quercorb,* in dem Nachbauten der historischen Instrumente zu sehen sind. *Château tgl. Mai–Okt. 9–19, sonst 9–18 Uhr; Museum Mai–Ende Aug. 10–20 Uhr, Sept. 10–19 Uhr, sonst 11–18 Uhr.* 16 km westlich von Quillan

Berg-, Schluchten- und Grottenfahrten

Die hier beschriebenen Routen sind in der Übersichtskarte vorn und im Atlas ab Seite 108 grün markiert

① DURCH DIE GORGES DE LA DOURBIE ZUM MONT AIGOUAL

Gleich welche Strecke man in den Cevennen nimmt – fast immer ist die landschaftliche Schönheit überwältigend. Besonders der Parc National des Cévennes mit dem 1565 m hohen Mont Aigoual hat zahlreiche Varianten spannender Rundtouren zu bieten. Vom stark südlich angehauchten Städtchen Le Vigan an der Südseite der Cevennen geht die Strecke nordwärts in die Höhe, schlägt beim Dorf L'Espérou einen Haken nach Westen und schlängelt sich durch die Gorges de la Dourbie, um hinter Trèves in die Gorges du Trévezel einzutauchen.

Dann steigt die Straße und führt uns Richtung Osten an den Mont Aigoual heran. Über Valleraugue beginnt der Abstieg ins Tal des Herault, der in Le Vigan endet. Diese Rundfahrt ist 135 km lang und dauert einen Tag. Sie bietet kaum weniger packende landschaftliche Höhepunkte als die weit berühmteren Gorges du Tarn oder die Corniche des Cévennes. Der Vorteil: In der Hochsaison ist hier touristisch weniger los, und wenn man die Wanderschuhe dabei hat, ist Natur pur zu genießen.

Von *Le Vigan* steigt die D 48 kräftige 15 % an und führt am Dorf Arphy vorbei. Bei ❈ La Cravate ist der erste Aussichtspunkt dieser Corniche (Klippenstraße) erreicht: Über den Causse du Larzac schweift der Blick bei klarem Wetter bis zum Mittelmeer! Kurz vor dem *Col du Minier* (1264 m) gibt's eine weitere Gelegenheit für einen herrlichen Fernblick. Kurz vor L'Espérou biegen wir links auf die D 151 ab, um hinter dem Dorf Dourbies in die *Gorges de la Dourbie* einzufahren. Dabei folgt die schwindelerregend hoch in den Fels geschlagene Corniche der Schlucht, kaum weniger spektakulär als die Gorges du Tarn... Kurz vor dem *Col de la Pierre Plantée* (828 m) folgt die Route der D 47 bis Trèves, von wo die D 157 in die beim »Pas de l'Ase« (pas de l'âne) nur 30 m breite *Gorges du Trévezel* übergeht. Eingezwängt zwischen 400 m hohen Kalkfelswänden fließt der Trévezel zwischen chaotischen Gesteinsbrocken. Beim Dorf Villemagne verlassen wir die Schlucht und fahren aufwärts nach Camprieu. Rund 1 km nördlich des Ortes ist ein kleines Naturwunder zu besichtigen: die *Abîme de Bramabiau* (S. 40). Es wird vom Fluß Bonheur verursacht, der 700 m unter den Kalk-

ROUTEN DURCHS LANGUEDOC-ROUSSILLON

felsen fließt, ein weitverzweigtes System unterirdischer Gänge, Säle und Kaskaden bildet und in einem Wasserfall, genannt »Alcôve«, wieder auftaucht.

Wir folgen weiter der D 968 und erreichen über den Col de la Séreyrède (1300 m) und den Skiort Prat Peyrot den *Mont Aigoual* (S. 41) mit Wetterstation von France Météo (Besichtigung). Schön ist auch die Rückfahrt über l'Espérou und Valleraugue im Tal des Hérault. Bei Pont Hérault kann man über Ganges weiter nach Montpellier fahren oder aber nach Le Vigan zurückkehren.

② IM LAND DER KATHARER: CHÂTEAUX UND FESTE PLÄTZE

Ausgangspunkt der Rundfahrt zu den Katharerburgen ist Perpignan. Nordwestlich, in der Landschaft Corbières, bekannt auch als Weinregion, liegen die heroischen Burgruinen Quéribus, Peyrepertuse und Puilaurens. Weiter westlich kommt Château Puivert, dann, knapp außerhalb der Grenze des Languedoc-Roussillon, die Katharerburg Montségur. Endpunkt der Route ist die mittelalterliche Cité von Carcassonne. Für die Gesamtstrecke von 250 km sind 2 bis 3 Tage zu veranschlagen. Die Katharerburgen, die wie Adlernester in wilder Felslandschaft thronen, die grandiose Einsamkeit der Bergwelt und die schläfrige Stille der Dörfer und Städtchen führen in eine Welt, die längst versunken zu sein schien.

Perpignan (S. 75) verlassen wir auf der neuen, autobahnähnlichen N 116 Richtung Prades. Will man das interessante Musée de Tautavel (S. 81), Centre Européen de Préhistoire, besuchen, geht's nach 18 km bei Millas rechts ab auf die D 612. Nach 7 km kommt das Museum. Sonst fahren wir weiter auf der N 117 bis Maury und rechts ab auf die D 19, die steil zum *Château de Quéribus* (S. 80) ansteigt. 8 km weiter, auf der D 123/D 14, liegt in 796 m Höhe *Château de Peyrepertuse* (S. 79). Vom Dorf Duilhac führt eine schmale Bergstraße zur Burg. Von der Kasse klettern wir an der Bergflanke noch knapp eine Viertelstunde bis zum Burgeingang. Weiter auf der schmalen D 14 über Rouffiacdes-Corbières und Soulatgé nach Cubières-sur-Cinoble. Die D 10/ D 7 biegt hier südwärts in die Gorges de Galamus ab, streckenweise mit besonderer Vorsicht zu befahren. In St-Paul-de-Fenouillet stoßen wir wieder auf die D 117, auf der wir bis Lavagnac fahren. Links ab, und über dem Ort erhebt sich *Château de Puilaurens* (S. 87). Auf steiler Straße (15% Steigung) kommen wir zur 697 m hoch gelegenen Burg. Der nächste größere Ort, *Quillan* (S. 85), eignet sich gut als Etappenziel für die Nacht. Am folgenden Tag ist das erste Ziel *Château Puivert* (S. 87), 16 km westlich von Quillan. Im Ort Puivert ein kleines, interessantes Museum mit einer originellen Sammlung mittelalterlicher Musikinstrumente. Weiter auf der D 117 bis Bélesta, wo die D 5 durch das hübsche Tal der Lasset nach Montségur führt. Im Dorf (S. 87) selbst besuchen wir das kleine Museum mit Funden aus der Burg und geschichtlichen Erläuterungen. Der Aufstieg zum *Château de Montségur* ist recht anstrengend und dauert rund eine halbe Stunde. Von Montségur geht's zurück nach Bélesta und Puivert, von wo links die D 16 abbiegt, der wir bis Chalabre folgen. Von dort weiter auf der D 620 bis Limoux. Die schöne Strecke weist zwei Pässe von 614 bzw. 490 m Höhe auf. In *Limoux* (S. 86) Besuch des informativen Catha-Rama, einer audiovisuellen Darstellung der Katharergeschichte. Achtung: Von Limoux fahren wir nicht auf der D 118, sondern auf der D 104 Richtung Carcassonne und kommen dabei durch eine Landschaft von toskanischem Liebreiz, reich an Zypressen und Weingärten. *Carcassonne* (S. 48) ist für viele gleichbedeutend mit La Cité, der Altstadt und Festung mit ihrem gigantischen, doppelten Mauerring und ihren 38 Türmen.

③ AUF DEN PIC DU CANIGOU ABTEIEN AM FUSS DER PYRENÄEN

Von der Küste zwischen Perpignan und Collioure erstrecken sich landeinwärts entlang der Pyrenäen und der spanischen Grenze die Bergregionen Haut Vallespir und Massif du Canigou, beherrscht von der weiß vor tiefblauem Himmel leuchtenden Schneekappe des »Fudschijama des Roussillon«, des 2784 m hohen Pic du Canigou. Im Umkreis des Berges und zu seinen Füßen liegen hochkarätige Ziele romanischer Baukunst: die Cathédrale Ste-Eulalie-et-Ste-Julie in Elne, die Prieuré de Serrabone, die Abteien St-Michel-de-Cuxa und St-Martin-du-Canigou.

Für die Rundfahrt von rund 190 km ist mit 2 Tagen zu rechnen. In gleichem Maße, wie die Landschaft im schroffen Wechsel zwischen unzugänglichen Felsbastionen und prächtigen Luftbildpanoramen gefangennimmt, überrascht und fasziniert der Anblick aus dem Fels wachsender Klostermauern. Am Ziel angelangt, versteht man gut, daß diese hochgelegenen Abteien nicht nur Orte der inneren Einkehr, sondern auch wichtige Pilgerziele waren – und im Zeitalter des Autotourismus wieder sind.

Collioure (S. 65) verlassen wir auf der N 114. In Elne (S. 71), der einstigen Hauptstadt des Roussillon, besichtigen wir die große *Cathédrale Ste-Eulalie-et-Ste-Julie* mit ihrem prächtigen, teils romanischen, teils gotischen Kreuzgang. Über Bages und Thuir (D 612/615) geht die Fahrt weiter durch flaches Obstanbaugebiet über Ille-sur-Têt ins Städtchen Prades (S. 81). 3 km südlich, auf der D 27, erheben sich die Mauern der großen *Abbaye de St-Michel-de-Cuxa* (S. 82), wo jeden Sommer die »Journées romanes« und die von Pablo Casals begründeten Konzerte stattfinden.

Abenteuerlich ist die Fahrt auf den *Pic du Canigou* (S. 83). Von Prades nehme man dafür die D 24, am östlichen Ortsausgang rechts. Die Straße ist ein Zickzackkurs, der sich halsbrecherisch durch die Felsschlucht des Llech und den Wald in die Höhe schraubt. Grandiose Ausblicke bieten sich besonders bei den Berghütten Refuge de la Mouline und Prat Cabrera. Nach rund einer Stunde Fahrt ist das Chalet-Hôtel des Cortalets in 2175 m Höhe erreicht. Wer den Canigou am Morgen besteigen will, kann in dieser Berghütte (80 Plätze im Schlafsaal und ein Dutzend Zimmer für Ehepaare) übernachten. Reservieren erforderlich: *Tel. 04 68 96 36*. Nicht weit vom Chalet-Hôtel liegt die Hütte *Refuge de Coderch* mit 16 Schlafplätzen *(Tel. 04 68 96 19)*. Von hier geht's wei-

ROUTEN DURCHS LANGUEDOC-ROUSSILLON

ter zu Fuß in $1^1/_2$ Stunden auf den Gipfel. Die andere Zufahrt auf den Canigou von der Abtei St-Michel-de-Cuxa über das Dorf Taurinya (D 27) ist mit 21% Steigung für normale Pkw nicht befahrbar. Von Prades fahren wir auf der N 116 weiter nach *Villefranche-de-Conflent* (S. 85). Hat man zuvor den Canigou bestiegen, ist hier oder im benachbarten *Vernet-les-Bains* (S. 85) eine Übernachtung angezeigt. Hinreißend der Anblick des Ortes vor der schneebedeckten Nordflanke des Canigou.

Wir fahren 2 km bis zum Dorf Casteil, wo wir das Auto stehen lassen. Hier beginnt der schöne, aber steile einstündige Anstieg zu Fuß zur *Abbaye St-Martin-du-Canigou* (S. 82), die wie ein Adlernest in 1094 m Höhe auf einem Felskegel steht.

Um auf die Südseite des Massif du Canigou zu kommen, müssen wir die Strecke zurück bis nahe vor Ille-sur-Têt fahren. 4 km vor dem Ort biegt die D 618 über Bouleternère ins stille, wilde Tal des Boulès ab, das zur einsam gelegenen *Prieuré de Serrabone* (S. 84)

ansteigt. Mit ihren wunderschönen Säulenkapitellen und der herrlichen Tribüne des Chors aus rosa Marmor ist dies eine der großen Kunststationen im Roussillon. Viele Kurven liegen vor uns, wenn wir weiter auf der D 618 südwärts fahren. Am Col Fourtou (646 m) blickt man weit ins Land bis zu den Corbières im Norden und den Berghöhen des Vallespir im Süden. Kurz darauf liegt die *Chapelle de la Trinité* am Weg, eine romanische Kirche mit einer berühmten Christusfigur des 12. Jhs. Nach dem Col Xatard (752 m) geht es wieder bergab, wir erreichen nach 22,5 km das als Stadt wenig interessante Thermalbad *Amélie-les-Bains-Palalda* (S. 69). Dagegen lohnt das nahe, typisch katalanische Städtchen *Céret* (S. 71), Hauptort des Vallespir, einen Aufenthalt. Nicht umsonst wurde das charmante Céret zu Beginn des Jahrhunderts dank Picasso zu einem Mekka der größten Maler seiner Zeit.

Von Céret kehren wir auf der D 618 über Saint-André und Argeles-sur-Mer nach Collioure zurück (33 km).

Klein und gelb

Spannend ist eine Reise in die Bergwelt der Cerdagne mit dem *petit train jaune,* der kleinen gelben Eisenbahn. Die Strecke von 63 km von Villefranche-de-Conflent nach Latour-de-Carol führt über schwindelerregende Brücken wie den Pont Giscard oder den Viaduc Séjourné, durch Tunnel, an steil aufragenden Felswänden entlang, vorbei an Orten wie Mont-Louis und Odeillon mit ihrem »Sonnenofen«, an Bergdörfern und Burgruinen. Der Zug ist indes keine Spielzeugeisenbahn: Zu Anfang des Jahrhunderts war er die Hauptverbindung in die abgeschiedene Gebirgsregion Cerdagne und diente auch für den Transport des Eisenerzes. Der *petit train jaune* verkehrt im Sommer alle 2 Stunden (Auskunft am Bahnhof von Villefranche-de-Conflent).

Von Auskunft bis Zoll

Hier finden Sie kurzgefaßt die wichtigsten Adressen und Informationen für Ihre Reise ins Languedoc-Roussillon

AUSKUNFT

Maisons de la France – Französische Fremdenverkehrsbüros

– *Westendstraße 47, 60325 Frankfurt, Tel. 0190/57 00 25*
– *Argentinierstraße 41 a, 1040 Wien, Tel. 01/503 28 90*
– *Löwenstraße 59, 8023 Zürich, Tel. 01/221 35 78*

Außer den örtlichen Touristenbüros erteilt auch Auskunft: *Comité Régional du Tourisme Languedoc-Roussillon, 20, rue de la République, 3400 Montpellier, Tel. (0033) 04 67 22 81 00, Fax 04 67 58 06 10*

AUTO

Das Autobahnnetz Frankreichs wird ständig erweitert; die Benutzung ist gebührenpflichtig. Für 100 km sind durchschnittlich 35 FF zu zahlen. Sehr dicht und wenig befahren ist das Netz der Landstraßen, dagegen herrscht auf den meisten Nationalstraßen starker Verkehr. Höchstgeschwindigkeiten: Autobahn 130 km/h, bei Regen 110 km/h, National- und Départementstraßen 90 km/h, bei Regen 80 km/h, auf vierspurigen Strecken 110 km/h; in Ortschaften 50 km/h. Promillegrenze 0,5. Für Fahrer, Beifahrer und Passagiere auf den Rücksitzen gilt Anschnallpflicht. Motorräder müssen am Tage mit Abblendlicht fahren, für alle Verkehrsteilnehmer gilt dasselbe bei Regen und Nebel. In Frankreich wird im allgemeinen zügig gefahren. Wer bei Polizeikontrollen erwischt wird, muß schon bei geringen Tempoüberschreitungen hohe Geldbußen zahlen. Bei Unfällen muß Personenschaden vorliegen, damit die Polizei eingreift.

Pannenhilfe *(dépanneur-remorqueur)* leisten die Dienste der Automobilhersteller rund um die Uhr, vermittelt durch die Polizei (Rufnummer 17) bzw. Autobahn-Notrufsäulen. Der ADAC-Auslandsnotruf in München berät auch Nichtmitglieder über Tel. 00 49/89 22 22 22 rund um die Uhr.

Groß ist die Diebstahlgefahr. Am besten den Wagen nachts in Hotelgaragen bzw. auf gesicherten Parkplätzen abstellen, ohne jedes Gepäck. Wertsachen sollte man auch tagsüber keinesfalls im geparkten Wagen liegenlassen. *Sans plomb,* bleifrei, mit 96 bzw. 98 Oktan, kann man an allen Tank-

PRAKTISCHE HINWEISE

stellen zapfen. Am preiswertesten sind die Tankstellen der Supermärkte. Bei kleinen Defekten helfen Tankstellen-Werkstätten schnell und preiswert.

BAHN

Die SNCF, die staatliche Eisenbahngesellschaft, setzt besonders auf schnelle Verbindungen zwischen den großen Städten. Der TGV *(Train à Grande Vitesse),* der z.B. für die Strecke Paris–Lyon zwei Stunden braucht, verbindet die Hauptstadt neunmal täglich mit Marseille/Béziers mit einer Geschwindigkeit von bis zu 300 km/h.

Fahrkarten für den TGV kosten nur wenig mehr als für normale Schnellzüge; Platzreservierung ist obligatorisch; ebenso müssen Mahlzeiten vorbestellt werden.

Schnell und im allgemeinen pünktlich sind auch die übrigen Fernzug-Verbindungen.

BANKEN

Die Öffnungszeiten sind unterschiedlich. In großen Städten wie Nîmes, Perpignan oder Montpellier sind die Banken im allgemeinen Mo–Fr 9–16.30 oder 17 Uhr geöffnet. In kleinen Orten ist von 12.30 bis 14 Uhr Mittagspause, abends ist bis 17 Uhr geöffnet. Montags sind die Banken im allgemeinen geschlossen, dafür samstags bis 12 Uhr geöffnet. Kreditkarten (Mastercard/Eurocard oder Visa) sind sehr nützlich, da auch in kleinen Orten mehr und mehr Bargeldautomaten installiert werden. Eurocheques (derzeit bis 1400 FF) werden als Zahlungsmittel außer bei Banken

und Postämtern aber generell nicht angenommen.

BUS

Ins Hinterland des Languedoc-Roussillon kommt man kaum mit der Bahn. SNCF bietet an jedem Bahnhof jedoch die Kombination *train + autocar,* Bahn und Bus an.

CAMPING

Die meisten Campingplätze liegen an der Küste. Argelès-Plage im Roussillon ist mit rund 60 Plätzen die europäische »Camping-Hauptstadt«.

Auskunft geben die örtlichen Touristenbüros; auf Anfrage erhält man kostenlos die Broschüre Camping-Caravaning vom *Comité Régional du Tourisme Languedoc-Roussillon, 20, rue de la République, 34000 Montpellier.*

DIPLOMATISCHE VERTRETUNG

Französische Botschaft in der Bundesrepublik Deutschland
An der Marienkapelle 3, 53179 Bonn, Tel. 0228/955 60 00

Französische Botschaft in Österreich
Technikerstr. 2, 1040 Wien, Tel. 01/505 63 92 68

Französische Botschaft in der Schweiz
Schlosshaldenstr. 46, 3006 Bern, Tel. 031/43 24 24

In Frankreich
Consulat de la République Fédérale d'Allemagne
34000 Montpellier, 35, bd. Rabelais, Tel. 04 67 64 28 87

EINREISE

Paß oder Personalausweis genügt zur Einreise

FKK

Die Franzosen schätzen den *naturisme*. An der Küste des Languedoc-Roussillon sind rund ein Dutzend FKK-Zentren entstanden, von denen einige zu den größten des Landes gehören wie das Quartier Naturiste du Cap d'Agde; das Centre International Naturiste, Le Clos Ferrand, Sérignan; Sérignan Plage Nature Camping, Sérignan-Plage; das Village Naturiste Ulysse, Leucate; Le Clapotis Centre Naturiste, Lapalme oder La Grande Cosse Centre Hélio Marin, Fleury d'Aude. Der FKK-Führer *Guide Naturiste Français*, herausgegeben von *Socnat, 16, rue Drouot, 75009 Paris*, listet alle Adressen mit genauen Angaben auf.

GESUNDHEIT

Arztbesuche sind zunächst selbst zu bezahlen, für einen Besuch beim praktischen Arzt müssen Sie um 110 FF rechnen, für den Spezialisten um 150 FF. Die Auslagen werden meist von den Krankenkassen erstattet, wenn man den notwendigen Papierkrieg nicht scheut. Am besten schließt man eine Reisekrankenversicherung ab.

HAUSTIERE

Bis 3 Monate alte Tiere dürfen nicht eingeführt werden. Den Impfpaß mit Katzenseuchen-, Hepatitis- und Tollwutimpfungen sollte man ansonsten dabeihaben, obwohl kaum je kontrolliert wird.

JUGENDHERBERGEN

Für junge Leute ab 14 Jahre (keine Altersbegrenzung nach oben) sind die Jugendherbergen *(Auberges de Jeunesse)* ausgezeichnete und preiswerte Unterkünfte. Ausländer brauchen einen nationalen bzw. internationalen JH-Ausweis, der auch direkt in der JH ausgestellt wird. Es empfiehlt sich, im Sommer zu reservieren, zumindest in den großen Städten. Durchschnittspreis pro Bett mit Frühstück rund 70 FF, Abendessen rund 60 FF.

Blick über die karge Kalksteinsteppe des Causse du Larzac

PRAKTISCHE HINWEISE

MUSEEN

Bei den angegebenen Öffnungszeiten ist zu beachten, daß sie öfters kurzfristigen Veränderungen unterliegen. Außerhalb der Saison sind abseits gelegene Sehenswürdigkeiten teils nur an bestimmten Tagen wie Wochenenden, in den Schulferien und allgemeinen Feiertagen zu besichtigen, teils ganz geschlossen. Bei Führungen werden Neuankömmlinge gegen Ende der Öffnungszeiten mitunter nicht mehr eingelassen. Bei den meisten Schlössern, privaten Museen und zoologischen Gärten zahlen Erwachsene durchschnittlich 25 bis 45 FF für den Eintritt, Kinder die Hälfte. Bei staatlichen und städtischen Museen und Sehenswürdigkeiten muß mit 15–25 FF gerechnet werden. Für die Besichtigung von Klöstern, Kirchen und Ausgrabungsstätten rechne man mit 10–35 FF.

NOTRUF

Europäischer Notruf/ European emergency call
(Polizei, Notarzt, Feuerwehr): *Tel. 112*

Police, Gendarmerie
Tel. 17

Feuerwehr, Rettungsdienst, Medizinischer Notfall
Tel. 15

POST

Briefe (20 g) und Postkarten in EU-Länder kosten 1998 3 FF, in andere europäische Länder 3.80 FF. Ferngespräche in die meisten europäischen Länder kosten rund 3 FF pro Minute.

SPORT

Angeln
Am Mittelmeer findet der ambitionierte Sportangler ideale Bedingungen: Bei organisierten Tagesausflügen wird Jagd gemacht auf Schwertfisch, Thunfisch oder Katzenhai. Ein Paradies für Forellenfischer sind die Pyrenäen mit ihren klaren Bergseen und Gebirgsbächen. Das gilt auch für die Cevennen. Tageskarten bekommt man meistens bei den Touristenbüros.

Radwandern
Das Languedoc-Roussillon ist für Ferien mit dem Fahrrad nur eingeschränkt zu empfehlen. Abgesehen von der Küstenregion und den ins Hinterland führenden Tälern ist die Landschaft hügelig oder stark bergig wie in den Cevennen und im Bereich der Pyrenäen. Geübte Radwanderer sehen darin allerdings kein Hindernis, zumal im Zeitalter des Mountainbike. Bei den Touristenbüros bekommt man Adressen von Fahrradverleihern, wenn man nicht sein eigenes Rad mitbringt.

Reiten
Reiten bedeutet in diesem Zusammenhang *randonnées équestres,* also Wanderreiten, und dafür sind die Cevennen und das Pyrenäenvorland ideal. Zahlreiche *centres équestres* bieten Tages- oder Wochenausflüge zu Pferde. Für eine Woche Wanderreiten rechne man mit 3300 FF. Auskunft und Adressen: *Association Régionale pour le Tourisme Équestre en Languedoc-Roussillon, 14, rue des Logis, Loupian, 34140 Mèze, Tel. 04 67 43 82 50.*

Wandern

In den Cevennen und Pyrenäen sind jeweils einige hundert Kilometer Wanderwege angelegt. Einen guten Überblick geben die von der *Fédération Française de la Randonnée Pédestre, 64, rue de Gergovie, 75014 Paris* herausgegebenen topographischen Führer.

Wassersport

Jeder Badeort mit Marina, von La Grande-Motte bis hinunter nach Collioure, hat seine Schule, wo man segeln, windsurfen, funboard-fahren, tauchen und Slalom auf Wasserskiern lernen kann. Die Ausbildung ist seriös, mit staatlich geprüften Lehrern,

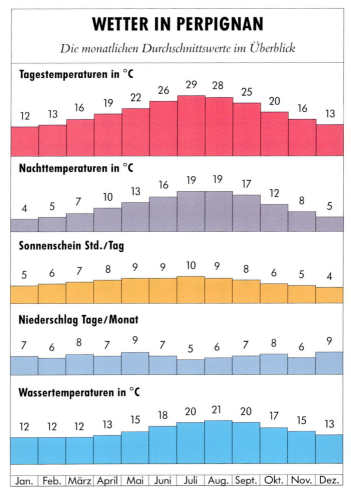

PRAKTISCHE HINWEISE

die mitunter selbst bekannte Profis sind oder gar Weltmeistertitel besitzen. Legion sind an der Küste die Verleiher von Segel- und Motorbooten, Windsurf-Brettern und Tauchausrüstungen. Auskunft und Adressen bei den Touristenbüros und dem *Comité Régional du Tourisme (s. o.)*

STROMSPANNUNG

Üblich sind 220–240 Volt. Flachstecker passen auch in französische Steckdosen. Sonst braucht man einen Adapter.

TELEFON

In den Telefonzellen braucht man Telefonkarten *(télécartes),* erhältlich in Postämtern, Tabak- und Zeitungsläden, Tankstellen, Hotels. Erheblich billiger ist das Telefonieren ins Ausland Mo–Fr 21.30 bis 8 Uhr, Sa ab 14 Uhr, an Sonn- und Feiertagen den ganzen Tag.

In Frankreich sind jetzt immer die 10stelligen Nummern mit 0 zu wählen, auch bei Ortsgesprächen. Für Auslandsgespräche von Frankreich aus wählt man die Vorwahl 00, dann die Länderkennzahl (D 49, A 43, Ch 41), dann die deutsche Ortsvorwahl ohne »0«. Für Gespräche vom Ausland nach Frankreich 0033 und dann die 9stellige Nummer wählen, ohne die vorangestellte 0.

TRINKGELD

Bei verschiedenen Gelegenheiten sollte man Trinkgeld geben: Im Restaurant wird nach oben bis zu zehn Prozent aufgerundet; den Betrag läßt man auf dem Tisch liegen. Im Hotel gibt man

bei besonderen Dienstleistungen dem Portier und dem Zimmerservice ein Trinkgeld, ebenso bei längerem Aufenthalt dem Zimmermädchen (pro Woche rund 50 FF). Im Taxi sind zehn Prozent üblich. Beim Friseur legt man ein paar Francs in das Schälchen bei der Kasse.

UNTERKUNFT

An der Küste sind die Quartiere im Juli und August ausgebucht; zeitiges Vorbestellen ist also unerläßlich. Das gilt auch für die Zeiten der großen Feste in den Städten wie zum Beispiel die Feria von Nîmes oder Béziers. Die Häuser der Hotelkette »Logis de France« bieten bei günstigen Preisen traditionsverbundene Gastlichkeit. Man erkennt sie am grün-gelben Schild mit einem Kamin. Die Zimmerpreise sind für ein oder zwei Personen dieselben. Extra berechnet wird das Frühstück. Alternativen zum Hotel sind die Privatquartiere, *chambres d'hôtes* und die *gîtes ruraux,* Ferienwohnungen und -häuser in Dörfern und auf Bauernhöfen. Adressen halten die örtlichen Touristenbüros bereit.

ZOLL

Innerhalb der EU gibt es für Privatreisende keine Zollgrenzen mehr. Für den »persönlichen Verbrauch« darf der Tourist zum Beispiel 800 Zigaretten, 1 kg Rauchtabak, 10 Liter Spirituosen und 90 Liter Wein – davon max. 60 Liter Schaumwein – mit in sein Heimatland nehmen. Für Schweizer sowie beim Dutyfree-Einkauf gelten erheblich reduzierte Freimengen.

Bloß nicht!

Hier einige Tips, die kleinen Ärger oder großen Schaden vermeiden helfen

Autofalle

Wenn ein anderer Autofahrer Ihnen unterwegs Zeichen macht anzuhalten, dann sollten Sie bloß nicht der Aufforderung nachkommen. Die Signale – zum Beispiel, daß etwas an Ihrem Wagen nicht in Ordnung sei – sind meistens ein Trick, mit dem Ganoven ihr Opfer zum Halten veranlassen, um es dann auszurauben.

Urlaub beendet

Sie halten auf einem Parkplatz an der Küste oder in einem Badeort. Aufgepaßt: Selbst ein kurzer Blick, ob am Strand noch ein schönes Plätzchen frei ist, kann teuer zu stehen kommen. Im Handumdrehen ist der Wagen ausgeraubt, Wertsachen samt Gepäckstücken sind ausgeräumt, und damit ist der Urlaub buchstäblich ins Wasser gefallen.

Volle Schluchten

Die Gorges du Tarn sind nicht nur landschaftlich atemberaubend schön, sondern im Juli und August auch brechend voll mit Besuchern – sowohl zu Wasser wie zu Land. Wenn man bei der Fahrt auf der schmalen Uferstraße auf den gemütlich dahinzuckelnden Vordermann achten muß, hat man nicht mehr viel von der dramatischen Schönheit der Schlucht.

Verkühlt unter Tage

Ein Grottenbesuch gehört zum Urlaub im Languedoc-Roussillon, sei's die berühmte Aven Armand, die Grotte des Demoiselles oder eine andere der zahlreichen Tropfsteinhöhlen. Um den Besuch in guter Erinnerung zu behalten, vergesse man nicht den warmen Pullover oder Anorak, denn die Temperatur unter Tage liegt je nach Grotte bei acht, zehn oder zwölf Grad Celsius. Und da verkühlt man sich leicht an warmen Sommertagen.

Wild campen

So verlockend ein schönes Plätzchen in freier Natur sein mag, um dort für eine Nacht sein Zelt aufzuschlagen – man überlege sich besser dreimal, ob das wirklich sein muß. Denn mancher Grundbesitzer, ob Bauer oder Winzer, sieht das ausgesprochen ungern. Es ist schon vorgekommen, daß im Süden Frankreichs solche Abenteuer böse endeten. Und schon gar nicht darf man in freier Natur ein kleines Lagerfeuer entfachen: Die Gefahr von Waldbränden ist in dieser Region bekanntlich sehr groß.

SPRACHFÜHRER FRANZÖSISCH

Sprechen und Verstehen ganz einfach

Zur Erleichterung der Aussprache sind alle französischen Wörter mit einer einfachen Aussprache (in eckigen Klammern) versehen.

AUF EINEN BLICK

Ja./Nein.	Oui. [ui]/Non. [nong]
Vielleicht.	Peut-être [pöhtätr]
Bitte.	S'il vous plaît. [sil wu plä]
Danke.	Merci. [märsi]
Gern geschehen.	De rien. [dö rjäng]
Entschuldigen Sie!	Excusez-moi! [äksüseh mua]
Wie bitte?	Comment? [kommang]
Ich verstehe Sie/dich nicht.	Je ne comprends pas. [schön kongprang pa]
Ich spreche nur wenig Französisch.	Je parle un tout petit peu français. [schparl äng tu pti pöh frangsä]
Können Sie mir bitte helfen?	Vous pouvez m'aider, s.v.p.? [wu puweh mehdeh sil wu plä]
Sprechen Sie Deutsch/Englisch?	Vous parlez allemand/anglais? [wu parleh almang/anglä]
Ich möchte …	J'aimerais … [schämrä]
Das gefällt mir nicht.	Ça ne me plaît pas. [san mö plä pa]
Haben Sie …?	Vous avez …? [wus_aweh]
Wieviel kostet es?	Combien ça coûte? [kongbjäng sa kut]
Wieviel Uhr ist es?	Quelle heure est-il? [käl_ör ät_il]

KENNENLERNEN

Guten Morgen/Tag!	Bonjour! [bongschur]
Guten Abend!	Bonsoir! [bongsuar]
Hallo!/Grüß dich!	Salut! [salü]
Wie ist Ihr Name, bitte?	Comment vous appelez-vous? [kommang wus_apleh wu]
Wie heißt du?	Comment tu t'appelles? [kommang tü tapäl]
Wie geht es Ihnen/dir?	Comment allez-vous/vas-tu? [kommangt_aleh wu/wa tü]
Danke. Und Ihnen/dir?	Bien, merci. Et vous-même/toi? [bjäng märsi. eh wu mäm/tua]
Auf Wiedersehen!	Au revoir! [oh röwuar]
Tschüs!	Salut! [salü]

99

UNTERWEGS

Auskunft

links/rechts	à gauche [a gohsch]/à droite [a druat]
geradeaus	tout droit [tu drua]
nah/weit	près [prä]/loin [luäng]
Bitte, wo ist …?	Pardon, où se trouve …, s.v.p.? [pardong, us truw … sil wu plä]
Wie weit ist das?	C'est à combien de kilomètres d'ici? [sät_a kongbjängd kilomätrö disi]
Welches ist der kürzeste Weg nach/zu …?	Quel est le chemin le plus court pour aller à …? [käl_äl schömäng lö plü kur pur aleh a]

Panne

Ich habe eine Panne.	Je suis en panne. [schö süis_ang pan]
Würden Sie mir bitte einen Abschleppwagen schicken?	Est-ce que vous pouvez m'envoyer une dépanneuse, s.v.p.? [äs_kö wu puweh mangwuajeh ün dehpanöhs sil wu plä]
Gibt es hier in der Nähe eine Werkstatt?	Est-ce qu'il y a un garage près d'ici? [äs_kil_ja äng garasch prä disi]
… ist defekt.	… est défectueux. […ä dehfäktüöh]

Tankstelle

Wo ist bitte die nächste Tankstelle?	Pardon, Mme/Mlle/M., où est la station-service la plus proche, s.v.p.? [pardong madam/madmuasäl/mösjöh u ä la stasjong särwis la plü prosch sil wu plä]
Ich möchte … Liter.	… litres, s'il vous plaît. [litrö sil wu plä]
Super.	Du super. [dü süpär]
Diesel.	Du gas-oil. [dü gasual]
bleifrei/mit … Oktan.	Du sans-plomb/… octanes. [dü sang plong/ … oktan]
Volltanken, bitte.	Le plein, s.v.p. [lö pläng sil wu plä]

Unfall

Hilfe!	Au secours! [oh skur]
Achtung!	Attention! [atangsjong]
Rufen Sie bitte schnell …	Appelez vite … [apleh wit]
… einen Krankenwagen.	… une ambulance. [ün_angbülangs]
… die Polizei.	… la police. [la polis]
… die Feuerwehr.	… les pompiers. [leh pongpjeh]
Es war meine Schuld.	C'est moi qui suis en tort. [sä mua ki süis_ang torr]
Es war Ihre Schuld.	C'est vous qui êtes en tort. [sä wu ki äts_ang torr]
Geben Sie mir bitte Ihren Namen und Ihre Anschrift!	Vous pouvez me donner votre nom et votre adresse? [wu puweh mö donneh wottrö nong eh wottr_adräs]

SPRACHFÜHRER FRANZÖSISCH

ESSEN/UNTERHALTUNG

Wo gibt es hier …

… ein gutes Restaurant?

… ein nicht zu teures Restaurant?

Gibt es hier eine gemütliche Kneipe?

Reservieren Sie uns bitte für heute abend einen Tisch für 4 Personen.

Wo sind bitte die Toiletten?

Auf Ihr Wohl!

Bezahlen, bitte.
Hat es geschmeckt?
Das Essen war ausgezeichnet.

Vous pourriez m'indiquer…
[wu purjeh mängdikeh]
… un bon restaurant?
[äng bong rästorang]
… un restaurant pas trop cher?
[äng rästorang pa troh schär]
Y-a-t'il un café (bistrot) sympa, dans le coin? [jatihl äng kafeh (bistroh) sängpa dang lö kuäng]
Je voudrais réserver une table pour ce soir, pour quatre personnes.
[schwudrä räsehrweh ün tablö pur sö suar pur kat pärsonn]
Où sont les W.-C., s.v.p.?
[u song leh wehseh sil wu plä]
A votre santé!/A la vôtre!
[a wottr sangteh/a la wohtr]
L'addition, s.v.p. [ladisjong sil wu plä]
C'était bon? [sehtä bong]
Le repas était excellent.
[lö röpa ehtät_äksälang]

ÜBERNACHTUNG

Können Sie mir bitte … empfehlen?

… ein gutes Hotel
… eine Pension

Haben Sie noch …?

… ein Einzelzimmer

… ein Zweibettzimmer

… mit Bad

… für eine Nacht
… für eine Woche
Was kostet das Zimmer mit …
… Frühstück?

… Halbpension?

Pardon, Mme/Mlle/M., vous pourriez recommander …? [pardong madam/madmuasäl/mösjöh wu purjeh rökommangdeh]
… un bon hôtel [äng bonn_ohtäl]
… une pension de famille
[ün pangsjongd famij]
Est-ce que vous avez encore …?
[äs_kö wus_aweh angkorr]
… une chambre pour une personne
[ün schangbr pur ün pärsonn]
… une chambre pour deux personnes
[ün schangbr pur döh pärsonn]
… avec salle de bains
[awäk sal dö bäng]
… pour une nuit [pür ün nüi]
… pour une semaine [pur ün sömän]
Quel est le prix de la chambre, …
[käl_ä lö prid la schangbr]
… petit déjeuner compris?
[pti dehschöneh kongpri]
… en demi-pension?
[ang dmi pangsjong]

101

PRAKTISCHE INFORMATIONEN

Arzt

Können Sie mir einen guten Arzt empfehlen?

Vous pourriez recommander un bon médecin, s.v.p.?
[wu purjeh rökommangdeh äng bong mehdsäng sil wu plä]

Ich habe hier Schmerzen.

J'ai mal ici. [scheh mal isi]

Bank

Wo ist hier bitte …

Pardon, je cherche …
[pardong schö schärsch]

… eine Bank?

… une banque. [ün bangk]

… eine Wechselstube?

… un bureau de change.
[äng bürohd schangsch]

Ich möchte … DM (Schilling, Schweizer Franken) in Francs wechseln.

Je voudrais changer … marks (schilling, francs suisses) en francs.
[schwudrä schangscheh … mark (schiling, frang süis) ang frang]

Post

Was kostet …

Quel est le tarif pour affranchir …
[käl_ä lö tarif pur afrangschir]

… ein Brief …

… des lettres … [deh lätr]

… eine Postkarte …

… des cartes postales …
[deh kart postal]

… nach Deutschland?

… pour l'Allemagne? [pur lalmanj]

Zahlen

0	zéro [sehroh]	20	vingt [wäng]
1	un, une [äng, ühn]	21	vingt et un, une
2	deux [döh]		[wängt_eh äng, ühn]
3	trois [trua]	22	vingt-deux [wängt döh]
4	quatre [katr]	30	trente [trangt]
5	cinq [sängk]	40	quarante [karangt]
6	six [sis]	50	cinquante [sängkangt]
7	sept [sät]	60	soixante [suasangt]
8	huit [üit]	70	soixante-dix [suasangt dis]
9	neuf [nöf]	80	quatre-vingt [katrö wäng]
10	dix [dis]	90	quatre-vingt-dix
11	onze [ongs]		[katrö wäng dis]
12	douze [dus]	100	cent [sang]
13	treize [träs]	200	deux cents [döh sang]
14	quatorze [kators]	1000	mille [mil]
15	quinze [kängs]	2000	deux mille [döh mil]
16	seize [säs]	10000	dix mille [di mil]
17	dix-sept [disät]		
18	dix-huit [disüit]	1/2	un demi [äng dmi]
19	dix-neuf [disnöf]	1/4	un quart [äng kar]

102

SPRACHFÜHRER FRANZÖSISCH

Carte
Speisekarte

PETIT DEJEUNER	FRÜHSTÜCK
café noir [kafeh nuar]	schwarzer Kaffee
café au lait [kafeh oh lä]	Kaffee mit Milch
décaféiné [dehkafäineh]	koffeinfreier Kaffee
thé au lait/au citron [teh oh lä/oh sitrong]	Tee mit Milch/Zitrone
tisane [tisan]	Kräutertee
chocolat [schokola]	Schokolade
jus de fruit [schüd früi]	Fruchtsaft
œuf mollet [öf mollä]	weiches Ei
œufs brouillés [öh brujeh]	Rühreier
œufs au plat avec du lard [öh oh pla awäk dü lar]	Eier mit Speck
pain/petits pains/toasts [päng/pti päng/tohst]	Brot/Brötchen/Toast
croissant [kruasang]	Hörnchen
beurre [bör]	Butter
fromage [frommasch]	Käse
charcuterie [scharkütri]	Wurst
jambon [schangbong]	Schinken
miel [mjäl]	Honig
confiture [kongfitür]	Marmelade
yaourt [jaur]	Joghurt
fruits [früi]	Obst

SOUPES ET HORS-D'ŒUVRES	SUPPEN UND VORSPEISEN
bisque d'écrevisses [bisk dehkröwis]	Krebssuppe
bouchés à la reine [buscheh a la rän]	Königinpastete
bouillabaisse [bujabäs]	südfranzösiche Fischsuppe, scharf gewürzt
consommé de poulet [kongsommehd pulä]	Hühnersuppe
crudités variées [krüditeh warjeh]	Rohkostteller
pâté de campagne [patehd kangpanj]	Bauernpastete
pâté de foie [patehd fua]	Leberpastete
salade niçoise [salad nisuas]	grüner Salat, Tomaten, Ei, Käse, Oliven, Thunfisch
saumon fumé [sohmong fümeh]	Räucherlachs
soupe à l'oignon [sup a luanjong]	Zwiebelsuppe
soupe de poisson [sup dö puasong]	Fischsuppe

VIANDES	FLEISCH
agneau [anjoh]	Lammfleisch
bifteck [biftäk]	Steak
bœuf [böf]	Rindfleisch
côte de bœuf [koht dö böf]	Rindskotelett
escalope de veau [äskalopp dö woh]	Kalbschnitzel
filet de bœuf [filäd böf]	Rinderfilet
foie [fua]	Leber
gigot d'agneau [schigoh danjoh]	Lammkeule
grillades [grijad]	Grillplatte
mouton [mutong]	Hammelfleisch
porc [porr]	Schweinefleisch
rognons [ronnjong]	Nieren
rôti [roti]	Braten
sauté de veau [sohtehd woh]	Kalbsragout
steak au poivre [stäk_oh puawr]	Pfeffersteak
steak tartare [stäk tartar]	Tatar
veau [woh]	Kalbfleisch

VOLAILLES ET GIBIER	GEFLÜGEL UND WILD
canard à l'orange [kanar a lorangsch]	Ente mit Orange
cuissot de chevreuil [küisohd schöwröj]	Rehkeule
coq au vin [kokoh wäng]	Hahn im Rotwein gedünstet
lapin chasseur [lapäng schasör]	Kaninchen nach Jägerart
oie aux marrons [ua oh marong]	Gans mit Maronenfüllung
poulet rôti [puleh rotti]	Brathähnchen
sanglier [sanglijeh]	Wildschwein

POISSONS, CRUSTACES ET COQUILLAGES	FISCHE, KRUSTEN- UND SCHALTIERE
cabillaud [kabijoh]	Kabeljau
calamar frit [kalamar fri]	gebratener Tintenfisch
daurade [dorrad]	Goldbrasse
lotte (de mer) [lott (dö mär)]	Seeteufel
loup de mer [lu dö mär]	Seewolf
maquereau [makroh]	Makrele
morue [morrü]	Stockfisch
perche [pärsch]	Barsch
petite friture [pötit fritür]	gebratene kleine Fische
rouget [ruscheh]	Rotbarbe
sandre [sangdr]	Zander
sole au gratin [soll oh gratäng]	überbackene Seezunge
truite meunière [trüit möhnjär]	Forelle Müllerin
turbot [türboh]	Steinbutt

SPRACHFÜHRER FRANZÖSISCH

coquilles Saint-Jacques [kokij sängschak]	Jakobsmuscheln
crevettes [kröwät]	Garnelen, Krabben
homard [ommar]	Hummer
huîtres [üitr]	Austern
moules [mul]	Miesmuscheln
plateau de fruits de mer [platoh dö früi dö mär]	verschiedene Meeresfrüchte

LEGUMES/PATES — GEMÜSE/BEILAGEN

artichaut [artischoh]	Artischocke
choucroute [schukrut]	Sauerkraut
chou farci [schu farsi]	Kohlroulade
chou-fleur [schuflör]	Blumenkohl
épinards [ehpinar]	Spinat
fenouil [fönuj]	Fenchel
haricots (verts) [arikoh (währ)]	(grüne) Bohnen
nouilles [nuj]	Nudeln
oignons [uanjong]	Zwiebeln
petits pois [pti pua]	Erbsen
poivrons [puawrong]	Paprika
pommes dauphine/duchesse [pom dohfin/düschäs]	Kartoffelkroketten
pommes de terre [pomm dö tähr]	Kartoffeln
pommes de terre sautées [pom dö tär sohteh]	Bratkartoffeln
pommes natures [pomm natür]	Salzkartoffeln
riz au curry [ri oh küri]	Curryreis
tomates [tomat]	Tomaten

DESSERTS ET FROMAGES — NACHSPEISEN UND KÄSE

charlotte [scharlott]	Süßspeise aus Löffelbiskuits mit Früchten und Vanillecreme
crème Sabayon [kräm sabajong]	Weinschaumcreme
flan [flang]	Karamelpudding
fromage blanc [frommasch blang]	feiner Quark
fromage de chèvre [frommasch dö schäwr]	Ziegenkäse
gâteau [gatoh]	Kuchen
glace [glas]	Eis
pâtisserie maison [patisri mäsong]	Gebäck nach Art des Hauses
profiteroles [profitroll]	mit Eis gefüllte kleine Windbeutel an warmer Schokoladensoße
tarte aux pommes [tart oh pomm]	Apfelkuchen
tarte tatin [tart tatäng]	umgestürzter, karamelisierter Apfelkuchen
yaourt [jaurt]	Joghurt

FRUITS	OBST
abricots [abrikoh]	Aprikosen
cerises [söris]	Kirschen
fraises [fräs]	Erdbeeren
framboises [frangbuas]	Himbeeren
macédoine de fruits	Fruchtsalat
[masehduan dö früi]	
pêches [päsch]	Pfirsiche
poires [puar]	Birnen
pommes [pomm]	Äpfel
prunes [prün]	Pflaumen
raisin [räsäng]	Trauben

Liste des Consommations
Getränkekarte

VIN	WEIN
un (verre de vin) rouge [äng (wär dö wäng) rusch]	ein Glas Rotwein
un quart de vin blanc [äng kar dö wäng blang]	ein Viertel Weißwein
un pichet de rosé [äng pischäd rohseh]	ein Krug (20 bis 50 cl) Roséwein

BIERE	BIER
bière pression [bjär prehsjong]	Bier vom Faß
blonde [blongd] ~	~ helles
brune [brühn] ~	~ dunkles
bière bouteille [bjär butäj]	Flaschenbier

SANS ALCOOL	ALKOHOLFREI
bière sans alcool [bjär sangs_alkol]	alkoholfreies Bier
eau minérale [oh minehral]	Mineralwasser
jus de fruits [schüd früi]	Fruchtsaft
jus d'orange [schü dorangsch]	Orangensaft
lait [lä]	Milch
limonade [limonad]	Limonade
petit-lait [ptilä]	Buttermilch

Reiseatlas Languedoc-Roussillon

Die Seiteneinteilung für den Reiseatlas finden Sie auf dem hinteren Umschlag dieses Reiseführers

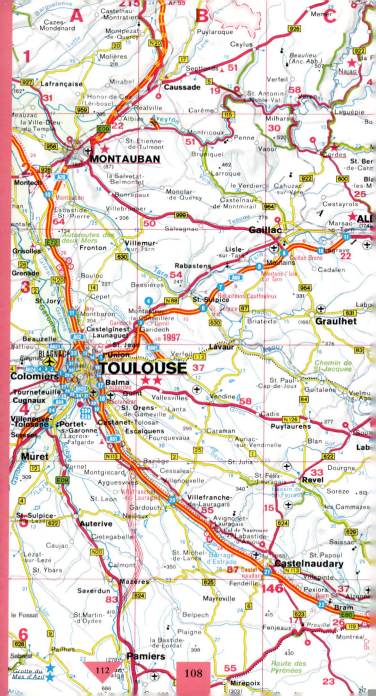

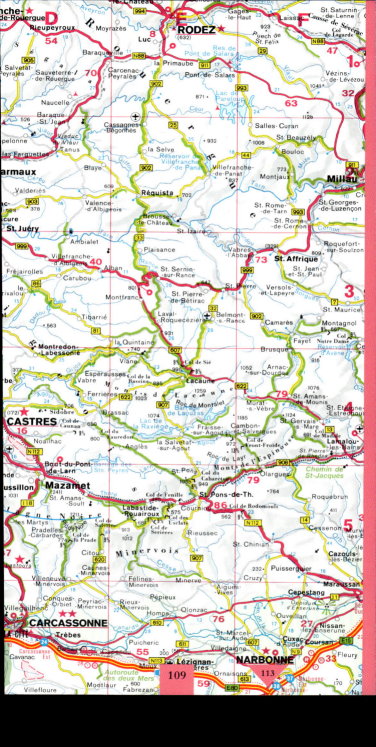

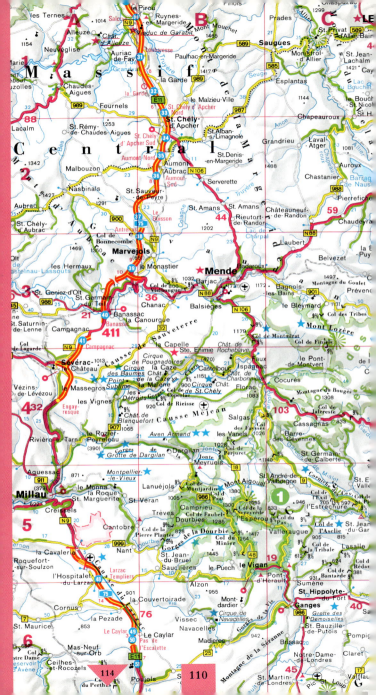

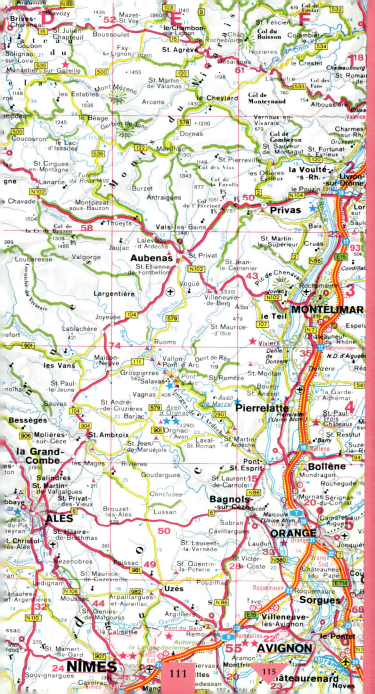

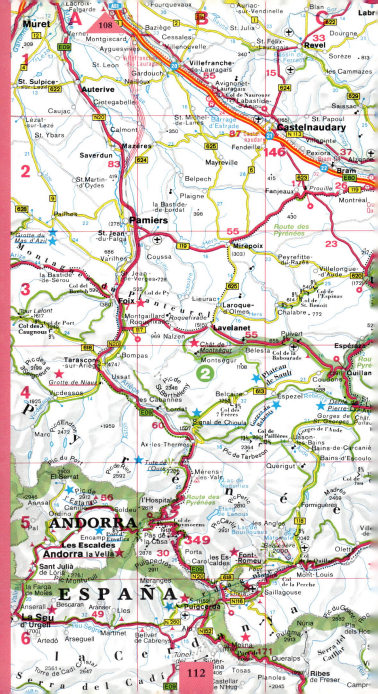

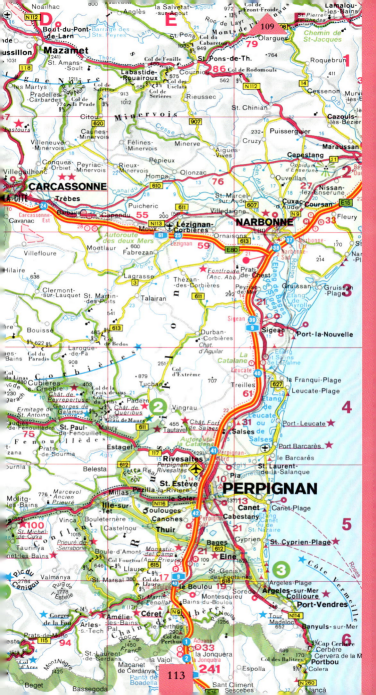

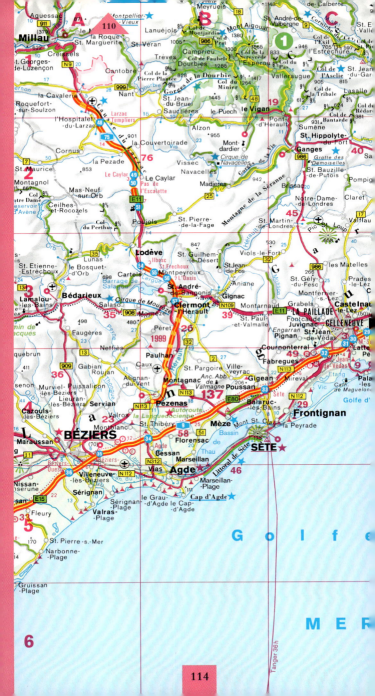

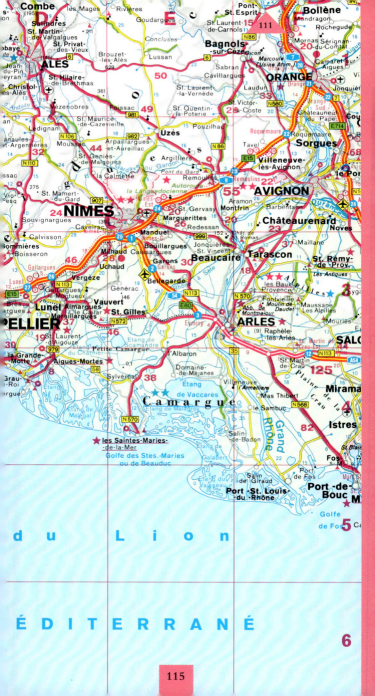

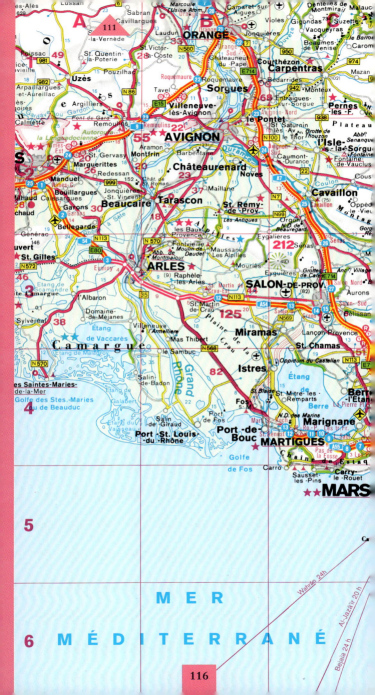

LEGENDE REISEATLAS

le Mans-Est Autobahn mit Anschlußstelle
Motorway with junction

Datum, Date Autobahn in Bau
Motorway under construction

Datum, Date Autobahn in Planung
Motorway projected

Ⓡ Raststätte mit
Übernachtungsmöglichkeit
Roadside restaurant and hotel

Ⓡ Raststätte ohne
Übernachtungsmöglichkeit
Roadside restaurant

Ⓔ Erfrischungsstelle, Kiosk
Snackbar, kiosk

Ⓣ Tankstelle
Filling-station

Autobahnähnliche Schnell-
straße mit Anschlußstelle
Dual carriage-way with
motorway characteristics
with junction

Straße mit zwei
getrennten Fahrbahnen
Dual carriage-way

Durchgangsstraße
Thoroughfare

Wichtige Hauptstraße
Important main road

Hauptstraße
Main road

Sonstige Straße
Other road

Bergbahn
Mountain railway

Sessellift (Auswahl)
Chair-lift (selection)

Autotransport
per Bahn
Transport of cars
by railway

Autofähre
Car ferry

Schiffahrtslinie
Shipping route

Landschaftlich besonders
schöne Strecke
Route with
beautiful scenery

**Routes
des Crêtes** Touristenstraße
Tourist route

Straße gegen Gebühr befahrbar
Toll road

Straße für Kraftfahrzeuge
gesperrt
Road closed
to motor traffic

Zeitlich geregelter Verkehr
Temporal regulated traffic

15% Bedeutende Steigungen
Important gradients

Kultur
Culture

★★ **PARIS**
★★ *la Alhambra*
★ **TRENTO**
★ *Comburg*

Eine Reise wert
Worth a journey

Lohnt eine Umweg
Worth a detour

Landschaft
Landscape

★★ **Rodos**
★★ *Fingal's cave*
★ **Korab**
★ *Jaskinia raj*

Eine Reise wert
Worth a journey

Lohnt einen Umweg
Worth a detour

Besonders schöner Ausblick
Important panoramic view

Nationalpark, Naturpark
National park, nature park

Sperrgebiet
Prohibited area

4807 Bergspitze mit Höhenangabe
in Metern
Mountain summit with height
in metres

(630) Ortshöhe
Height above sea level

Kirche
Church

Kirchenruine
Church ruin

Kloster
Monastery

Klosterruine
Monastery ruin

Schloß, Burg
Palace, castle

Schloß-, Burgruine
Palace ruin, castle ruin

Denkmal
Monument

Wasserfall
Waterfall

Höhle
Cave

Ruinenstätte
Ruins

Sonstiges Objekt
Other object

Jugendherberge
Youth hostel

Badestrand · Surfen
Bathing beach · Surfing

Tauchen · Fischen
Diving · Fishing

Verkehrsflughafen
Airport

Flugplatz
Airfield

20 km

118

REGISTER

In diesem Register sind alle im Führer erwähnten Orte und Ausflugsziele verzeichnet. Halbfette Seitenzahlen verweisen auf den Haupteintrag, kursive auf ein Foto.

Abîme de Bramabiau 14, **40**
Agde 6, **46**
Aguilar, Château d' 78
Aigues-Mortes 43f
Alès 26, **30f**
Alet-les-Bains 86
Amélie-les-Bains-Palalda 27, **69**
Andorra 10, **83**
Anduze **32**, 63
Argelès-Plage 5, **70**
Argelès-sur-Mer 65
Arles-sur-Tech 25, 27, **69**
Aubrac 25
Aven Armand 8, 14, **40**
Aven des Lauriers 14, **32**
Bages (bei Narbonne) 74
Bages (bei Perpignan) 70
Balcon de Madeloc 70
Bambouseraie de Prafrance 32
Banassac 37
Banyuls-sur-Mer 23, 27, **70**
Beaucaire 16, **60**
Bédarieux 47
Bélesta 9
Béziers 7, 15, 25, 26, 27, 43, **44ff**, *46*
Bouzigues 19, 26, 27
Canal de la Robine 75
Canal du Midi 8, *12*, 13, **44**
Canet-Plage 5, **78**
Canigou, Pic du 9, **83**
La Canourgue 37
Cap d'Agde 5, 26, **47**
Capcir 86
Carcassonne 7, 15, 20, 25, 26, 27, 43, **48ff**
Carnac 37
Carnon-Plage 54
Castell 9
Castelnou 78
Castries 54
Caune de l'Arago (Grotte) 81
Causse de Mende 36
Causse de Sauveterre 13, 36, 37, **38**
Causse du Larzac *8*, 13, *94*
Causse Méjean 13, **34**, 36
Causse Noir 13, **41**
Cerbère 70
Céret 14, 26, 27, **71**
Chalet du Mont Lozère 36
Chalet des Cortalets 83
Col d'Exil 36
Col de St-Pierre 36
Col des Faïsses 35
Collioure 5, 9, 16, 25, **65ff**
Corniche des Cévennes 7, 14, 30, 34, **35**
Corsavy 70
Elne 16, **71**
Ensérune, Oppidum d' 47
Ermitage de Forca Réal 78
Eus 83
Fauzan 50

Florac 30, **34ff**
Fonséranes, Écluse de 47
Font-Romeu 10, **83**
Fontcaude, Abbaye de 46
Fontfroide, Abbaye de 74
Forca Réal, Ermitage de 78
Fouques 61
Frontignan 26, **54**
Gorges de l'Aude 86
Gorges de la Dourbie 7, 13
Gorges de la Jonte 7, 13, 41
Gorges de la Pierre-Lys 86
Gorges de l'Ardèche 14, **33**
Gorges du Tarn 7, 13, *28*, 34, 35, 36, 41
Gorges St-Georges 86
La Grande-Motte 5, 26, 29, 43, **54**
Le Grau-du-Roi 44
Grotte de Dargilan 8, 14, **41**
Grotte de Trabuc 33
Grotte des Demoiselles **33**
Gruissan 75
Gruissan-Plage 75
Hérépian 47
L'Hospitalet 35
Ille-sur-Têt 9, **79**
Ispagnac **36**
Lagarde, Fort 71
Lamalou-les-Bains 47
Lastours, Châteaux de 50
Leucate-Plage 65, **79**
Lézignan-Corbières 75
Limoux 25, **86**
Maguelone 55
La Malène 36
Le Malzieu 36
Marvejols 8, **38**
Mas-Soubeyran 33
Mende 30, **36f.**
Meyrueis 39f.
Mialet 27
Millau 36
Minerve 50
Mont Aigoual 6, 29, 35, **41**
Mont Aubrac 37
Mont-Louis 10, **84**, 86
Mont Lozère 7, 34, 35, **36**
Montagne Noire 43
Montferrer 70
Montolieu 25
Montpellier 7, *10*, 14, 25, 26, 27, *42*, 43, **51ff**
Montpellier-le-Vieux, Chaos de 41
Montségur, Château de 9, 15, **65**
Nages, Oppidum de 61
Narbonne 7, 17, 65, **72ff.**
Narbonne-Plage 75
Nîmes 7, 14, 16, 17, 25, 26, 43, **56ff.**
Odeillon 83
Oppidum de Nages 61
Palavas-les-Flots 26, **55**
Parc à Loups de Gévaudan **39**

Parc des Bisons de la Margeride 39
Parc National des Cévennes 34, 36, 43
Parc Naturel Régional du Haut Languedoc 7
Perpignan 7, 9, 17, 25, 26, 27, 65, **75ff.**
Peyrepertuse, Château de **79**
Peyriac-de-Mer 75
Pézenas 47
Pic du Canigou 9, **83**
Le Pompidou 35
Pont du Gard 61
Le Pont-de-Montvert 36
Pont-St-Esprit 33
Port-Barcarès 65, 79, **80**
Port-la-Nouvelle 75
Prades 9, 10, 25, 26, **81f.**
Prats-de-Mollo 10, 25, **71**
La Preste 71
Puilaurens, Château 8, **87**
Puivert, Château 87
Quéribus, Château de 8, 15, 65, **80**
Quillan 85f.
Réserve Africaine de Sigean 75
Le Rozier 41
St-Cyprien 65
St-Cyprien-Plage *6*, 81
St-Estève 27
St-Gilles 26, **62**
St-Guilhem-le-Désert 26, **55**
St-Jean-du-Gard 14, 27, **33,** 35, 36
St-Laurent-de-Trèves 35
St-Martin-du-Canigou, Abbaye 9, **82**
St-Michel-de-Cuxa, Abbaye 9, 16, **82**
St-Roman, Abbaye de 60
St-Roman-de-Tousque 36
Ste-Enimie **36,** 38
Ste-Eulalie 8
Salses, Fort 80
Salsigne 50
Sauveterre 38
Serrabone, Prieuré de 16, **84**
Serralongue 71
Sète 19, 27, **55**
Sommières 62
Tautavel 78, **81**
Le Tech 59
Les Terrasses du Truel 41
Thuir 81
Le Truel 41
Tuchan 78
Uzès 27, 61, **63**
Vallon-Pont-d'Arc 33
Valras-Plage 48
Vernet-les-Bains 85
Le Vigan 27
Les Vignes 35, 36
Villefranche-de-Conflent **85**
Villeneuve-lès-Avignon 63

Was bekomme ich für mein Geld?

 Ein einheitliches Preisniveau ist bei der so unterschiedlichen touristischen Struktur in den Regionen des Languedoc-Roussillon natürlich nicht zu erwarten. Ein gutes Menü ist meist ab 120 FF zu haben, eine Flasche Wein kostet in einem normalen Restaurant rund 70 FF. Ein ordentliches Doppelzimmer in einem Zweisterne-Hotel kostet im Durchschnitt rund 250 FF, zuzüglich Frühstück 35 bis 40 FF pro Person, die Nacht auf dem Zweisterne-Campingplatz (für 2 Personen, Auto und Zelt) rund 60 FF.

Es lohnt sich, bei einem Touristenbüro die *Carte Inter-Sites* zu besorgen, mit der man verbilligten Eintritt bei zahlreichen Sehenswürdigkeiten und Museen hat.

Ein Baguette kostet beim Bäcker 4 FF, ein Croissant 3–3,50 FF. Relativ teuer sind Getränke: Für den *café noir* in Restaurant oder Bar zahlt man 6–8 FF, ein *café au lait* kostet um 18 FF, das gezapfte Viertel Bier ab 12 FF, die Flasche Bier (0,25 ml) im Restaurant 18 FF.

Der Liter Super-Bleifrei kostet an der Tankstelle rund 6,70 FF, beim Supermarkt ca. 0,40 FF weniger.

Der Preis für Diesel *(gazole)* liegt bei 4,80 FF (Supermarkt rund 4,20 FF). Das Porto für Brief oder Postkarte in EU-Länder beträgt 3 FF, auch Schweiz, sonst 3,80 FF. Alle Preise nach dem Stand von Januar 1998.

DM	FF	FF	DM
1	3,38	1	0,29
2	6,67	5	1,45
3	10,13	10	2,90
4	13,51	20	5,80
5	16,89	30	8,70
10	33,78	40	11,60
20	67,56	50	14,50
25	84,45	75	21,75
30	101,34	100	29,00
40	135,12	200	58,00
50	168,90	300	87,00
75	253,35	400	116,00
100	337,80	500	145,00
200	675,60	600	174,00
250	844,50	700	203,00
300	1.013,40	800	232,00
500	1.689,00	900	261,00
750	2.533,50	1.000	290,00
1.000	3.378,00	2.500	725,00
2.000	6.756,00	5.000	1.450,00

Bei Scheckzahlung/Automatenabhebung am Urlaubsort berechnet die Heimatbank die obenstehenden Kurse. Stand: Januar 1998

Damit macht Ihre nächste Reise mehr Freude:

Die neuen Marco Polo Sprachführer. Für viele Sprachen.

Sprechen und Verstehen ganz einfach. Mit Insider-Tips.

Das und vieles mehr finden Sie in den Marco Polo Sprachführern:
- Redewendungen für jede Situation
- Ausführliches Menü-Kapitel
- Bloß nicht!
- Reisen mit Kindern
- Die 1333 wichtigsten Wörter